AF391483

Titre: 500 poèmes inusités d'anniversaires

Sous-Titre : Pour rire avec vos amis et stimuler votre imagination

Description: Recueil de poèmes | Livre interactif

Auteur: Christian Hamel, 1987

Lodiciquarte: Carolanne Plourde

Illustrations: Jessica Therrien

Préfaces: François Deschamps | Meru

Dépôt légal – 4ᵉ trimestre 2023
Bibliothèque et Archives nationales du Québec
Bibliothèque et Archives Canada

Mot-clic: #500poemes

Site web: https://500poemes.com

Premier tirage

Identifiants:
978-2-9822020-0-9 - Livre broché - Imprimé au Canada
978-2-9822020-1-6 - Livre relié - Imprimé aux États-Unis

À toi… et à tous les autres.

500 poèmes inusités d'anniversaires

Pour rire avec vos amis et stimuler votre imagination

Christian Hamel

Sommaire

Instructions

Vous avez entre les mains un recueil qui possède un volet numérique qui vous permettra de collaborer, à votre façon, avec les autres membres du lectorat. Ces fonctionnalités vous permettront de partager des œuvres artistiques inspirées de chaque poème ou un passage de celui-ci. Cela peut être des commentaires, des petits récits, des poèmes, des illustrations, etc. Tout ce que vous pouvez imaginer qui pourrait venir agrémenter le tout !

Au courant de votre lecture, vous trouverez des codes QR que vous pourrez numériser à l'aide de votre appareil mobile afin d'accéder à la plateforme en ligne. Cependant, vous devez d'abord vous assurer de vous créer un compte et d'être connecté au système pour ensuite pouvoir contribuer à la plateforme ou tout simplement voir les réalisations des autres adeptes !

Notez que chaque publication devra être validée avant d'être disponible au grand public. Les propos intolérants, racistes, misogynes ou violents ne seront pas acceptés. Nous nous gardons le droit de refuser toutes œuvres qui ne respecteraient pas ces règles de base.

L'objectif est de faire place à la créativité et d'éprouver du plaisir !

Sur ce, bonne lecture et au plaisir de voir vos réalisations !

Pour vous inscrire

Pour vous connecter

Préface

Bienvenue dans ce recueil de poèmes où les mots sont des clés pour ouvrir les portes de votre cerveau. Vous êtes sur le point de plonger dans un monde de rimes et de vers qui agiront sur votre cortex cérébral, stimuleront vos neurones et vous feront voir la vie sous un jour nouveau.

Mais avant cela, laissez-moi vous raconter une petite histoire.

« Il était une fois, un chercheur qui étudiait comment les rimes affectent notre cerveau. Il a mené des expériences sur des personnes de tout âge en leur demandant de lire des poèmes avec ou sans rimes et en mesurant leur activité cérébrale à l'aide d'un électroencéphalogramme (EEG). Les résultats ont été étonnants : lorsque ces personnes lisaient des poèmes avec des rimes, leur cerveau montrait une activité plus intense dans les zones associées à la perception, à la mémoire et à la concentration. »

Vous avez peut-être déjà remarqué que, lorsque nous entendons des mots qui riment, cela produit une sensation agréable dans notre tête. C'est parce que lorsque nous entendons des mots qui se terminent par la même sonorité, notre cerveau les associe de manière inconsciente. Cette association crée une résonance qui stimule notre plaisir et notre créativité.

Les rimes sont donc un élément clé de la langue qui peut avoir des effets positifs sur le cerveau. Des théories suggèrent qu'elles activent les régions cérébrales parce qu'elles nécessitent un traitement phonologique plus profond que les mots non rimés. Les études montrent également que les rimes peuvent améliorer la mémoire à court terme.

Les rimes sont un élément essentiel dans la création de comptines pour enfants, de publicités, de proverbes et de discours de vente. Elles permettent de rendre ces éléments plus mémorables et attrayants pour l'auditoire ou le lectorat.

Dans les comptines, les rimes permettent d'ajouter de la musicalité et de la rythmique à l'histoire, ce qui rend la lecture plus agréable pour les enfants. Elles peuvent les aider dans leur acquisition du langage et dans l'amélioration de leur développement cognitif. Elles peuvent les aider à mieux comprendre la structure sonore de la langue et à développer leur phonologie, leur mémoire à court terme et leur vocabulaire.

Dans les publicités, les rimes sont souvent utilisées pour créer un slogan accrocheur et mémorable qui restera dans l'esprit du public. Elles peuvent également aider à renforcer l'image de marque d'une entreprise, en créant une identité unique et reconnaissable.

Dans les proverbes, les rimes permettent de souligner une idée importante ou une leçon de vie de manière concise et mémorable. Les proverbes rimés peuvent aider les gens à se souvenir d'une sagesse importante, ce qui peut les aider à prendre de meilleures décisions dans leur vie quotidienne.

Dans la vente, les rimes peuvent être utilisées pour mettre en avant les avantages d'un produit ou d'un service et pour convaincre la clientèle de l'importance de son achat. Cela peut également aider à rendre les arguments de vente plus persuasifs et mémorables, ce qui peut encourager les gens à effectuer un achat.

En somme, les rimes sont un outil puissant pour créer des contenus accrocheurs et mémorables dans de nombreux domaines. Que ce soit pour divertir les enfants, promouvoir une marque ou vendre un produit, les rimes ont une place importante dans notre culture et dans notre communication quotidienne.

C'est pourquoi dans ce recueil, vous trouverez des rimes à foison, des sonorités qui s'entremêlent et surtout, des jeux de mots qui défient la logique. Ces écrits utilisent les principes de la neuroscience pour vous offrir une expérience de lecture unique qui vous transportera dans un monde de folie et d'imagination débridée. Chaque poème est une aventure en soi, une épopée déstructurée où les mots se télescopent pour former des phrases surréalistes. À la lecture, nous sommes transportés dans un monde imaginaire où tout est permis et où les règles de la grammaire sont mises à mal pour créer des effets de surprise.

Mais ne vous laissez pas tromper par leur apparence légère, car sous les jeux de mots et les rimes, se cache une réflexion profonde sur la nature humaine et sociétale. L'auteur cherche à éveiller votre conscience critique tout en vous divertissant, car il croit que la poésie est avant tout un moyen de s'exprimer librement et de faire entendre sa voix.

Alors, ouvrez ce livre et laissez-vous emporter par la magie des mots. Laissez-vous surprendre, émouvoir, inspirer. N'ayez pas peur de vous perdre dans ce labyrinthe de poésie, car c'est là que vous trouverez votre propre voix, votre propre vision du monde. Et peut-être, qui sait, que vous y trouverez aussi un peu de bonheur et d'espoir dans ce monde souvent si sombre et si complexe.

Mais attention, la poésie peut être addictive ! Vous risquez de vous laisser emporter par les rimes, de répéter des vers en boucle, de chercher des sens cachés ou de ressentir des émotions intenses. Mais ne vous inquiétez pas, ce sont des effets bénéfiques pour votre cerveau qui sera en éveil et en mouvement.

Enfin, sachez que la poésie est un art ouvert à tout le monde. Vous n'avez pas besoin d'être un expert en littérature pour apprécier la beauté des mots et des sons. Il suffit de laisser votre esprit s'envoler, de vous laisser porter par les émotions et de vous émerveiller devant la puissance de la langue. La poésie est la gardienne de notre mémoire collective, elle nous rappelle la beauté de la vie et nous invite à la contemplation.

Salutations distinguées,

— François Deschamps
Coach certifié en neurosciences appliquées

Le petit mot de Meru

Si tu retrouves un petit sachet de ketchup caché
quelque part dans ta salle de bain entre ta bouteille
de rince-bouche et ton p'tit kit de serviettes
assorties, y'a des chances que Christian Hamel soit
passé chez vous !

Parce que c'est ça être ami avec Christian ; c'est
accepter de faire entrer l'absurde et le burlesque
dans ta vie. C'est aussi accepter de se faire étonner,
voire déstabiliser, par tous ses petits gestes ou
remarques farfelus qui lui passent par la tête au gré
de ses inspirations… pour notre plus grand plaisir,
si on sait l'apprécier.

Un peu le digne héritier des Denis Drolet (avec un
peu moins de brun et de longueur de cheveux), il a
le don de nous faire voyager dans des mondes
biscornus dans lesquels la logique et la loi de
l'apesanteur ne s'appliquent pas. Lorsqu'on ouvre
la porte de cet univers, il faut être prêt à se laisser
envouter par le sens de ses mots, si sens il y a, et se
gorger de tous ses petits poèmes insolites qui
riment et serpentent dans tous les sens.

Bonne découverte du Christianverse ! Mais
attention ; difficile d'y en sortir une fois qu'on y a
plongé le coude !

— **Meru**

Mot de l'auteur

L'ORIGINE DU PROJET

Tout a débuté en 2010. Les médias sociaux commençaient à s'immiscer de plus en plus dans la vie des gens. Parmi les nouvelles commodités des médias sociaux, une qui avait bien sa place était la notification pour les anniversaires de nos amis. Au début, je prenais le temps de laisser un petit mot à chaque personne de façon brève, par exemple : « Bonne fête et bonne journée ! ». À la longue, cependant, je trouvais ça trop simple. Je voulais me distinguer un peu, ne serait-ce que pour faire une modeste différence dans la vie des gens, tout en ajoutant une certaine touche personnelle.

Depuis mon tout jeune âge, j'ai toujours été curieux, très imaginatif et avec une envie de me dépasser sans cesse.

J'ai donc voulu trouver une façon originale de prendre par surprise mes contacts lors de leur anniversaire. Dans mon quotidien, je conçois diverses réalisations numériques : des illustrations, des montages, des photos, des vidéos, et j'en passe. J'avais donc quelques idées de création de contenu que je pourrais offrir à mes amis, mais j'avais aussi besoin de sortir de ma zone de confort. S'il y avait une forme artistique en particulier que je ne pratiquais pas et que je devais expérimenter, c'était la poésie. Cependant, à ce moment-là, les seules tentatives de poésie que j'avais faites étaient dans un contexte strictement scolaire.

Lorsqu'on parle d'art, il y a quelque chose qui m'a constamment irrité : devoir créer selon les préférences personnelles de l'autre et, ensuite, de me faire critiquer parce que ce n'est pas ce qu'il voulait. J'ai souvent voulu dépasser les barrières, ces normes et restrictions contre l'innovation, pour tenter de surprendre le plus possible mon public.

C'est un peu pour cela que j'ai toujours ressenti une certaine frustration envers la poésie. À l'école, lors d'un cours de français, nous avions un volet poétique. Pour l'exercice final, à mon habitude, mon écrit était absurde, je versifiais, mais il n'y avait pas vraiment de double sens, je ne cherchais pas à manifester une émotion ou à dénoncer quelque chose. Je voulais juste créer un ouvrage humoristique permettant d'imaginer des drôles de scènes à l'aide de rimes, sans mauvaise intention.

Le problème, c'est que mon travail allait trop à l'encontre de tout ce qu'on venait de m'enseigner. Lorsque l'institutrice a lu mon poème, ça a éveillé une colère en elle. Peut-être parce que j'avais l'air de diminuer son métier en n'accomplissant pas quelque chose de sérieux. C'est cependant face à toute la classe qu'elle s'est exprimée en me disant que mon texte était lamentable et qu'elle ne se donnerait même pas la peine de m'accorder une note pour ça. Elle n'a pas tenté de connaitre ma démarche créative ni quelles

étaient mes intentions à ce moment. Elle s'est
contentée de m'humilier devant tout le
monde, avant de me donner une deuxième chance.

Je n'ai aucun souvenir de mon second poème sur
lequel j'ai été évalué, à l'inverse de mon premier
écrit qui parlait d'un postiche sur son
trône. L'humour c'est ce qui m'a permis de tolérer
le système d'éducation dans lequel je ne me suis
jamais senti vraiment à ma place. Je faisais souvent
face à de l'intimidation de quelques élèves et même
de quelques membres du personnel. Faire rire les
autres et avoir une certaine autodérision, c'est ce
qui m'a aidé à surpasser tout ça. C'est donc en
n'étant pas sérieux que j'ai réussi à m'intégrer dans
cet univers austère qui n'était pas le mien.

Malgré tout, c'est ce qui m'a motivé à vouloir écrire
des poèmes à ma façon, sans restriction ni
directives. C'est là que j'ai commencé à appliquer
une nouvelle routine : commencer mes journées en
écrivant un poème d'anniversaire absurde à chacun
de mes contacts, peu importe la plateforme sur
laquelle j'avais une notification. Au départ, je
rédigeais des œuvres poétiques sans rien espérer en
retour, mais rapidement, je me suis rendu compte
que ça faisait réagir le lectorat. Un grand nombre de
gens me remerciaient et prenaient le temps de
répondre quelque chose de sérieux à mon poème
ou, dans l'esprit de celui-ci, quelque chose de
totalement déjanté, à ma grande surprise ! Certains
attendaient même, avec impatience, leur
anniversaire pour découvrir ce que j'allais leur
envoyer !

Il faut se le dire, les réseaux sociaux ne sont pas que des proches, on a souvent des connaissances qui sont dans nos contacts pour une raison ou une autre. Pour mes œuvres poétiques, tout le monde y passait, je n'oubliais personne. Chaque poème était créé en écriture automatique ; je rédigeais les rimes qui me passaient par la tête quand je pensais à la personne fêtée. Il y avait certains éléments qui avaient un lien entre moi et elle. Ces liens ajoutaient une petite attention particulière qui faisait toute la différence.

J'étais loin de me douter que l'exercice durerait plus de 5 ans. Parfois, cela pouvait me prendre beaucoup de temps parce que j'avais de plus en plus de contacts. Une journée, à l'automne 2014, j'ai eu la célébration de sept personnes en même temps. C'est là que je me suis demandé si ça ne grugeait pas trop mon horaire.

C'est en 2015, le jour de mon anniversaire, que je me suis rendu compte que si je me faisais un poème à moi-même, ce serait mon 500e. C'était significatif. J'ai donc pris la décision de mettre fin à ce projet à ce moment-là avec une rédaction ultime qui remerciait tout le monde d'avoir embarqué dans cette fantaisie.

Pour donner suite à cette idée, j'ai continué d'être créatif avec des textes différents. Mes écrits par la suite furent de faux souvenirs qu'on aurait vécus, moi et la personne fêtée. Encore là, les gens ont répondu à l'appel en embarquant à fond dans cette folie. Il m'arrive parfois de recevoir des

demandes de poèmes de la part d'un certain
nombre d'adeptes de l'époque. Je trouve ça
touchant.

Je voulais marquer mon entourage, je les ai émus et
eux, ils m'ont touché en retour. J'avais un sentiment
de fierté lorsque je voyais mon idée être reprise par
d'autres qui envoyaient des messages créatifs à
leurs proches pour leur anniversaire. Le concept
faisait son bout de chemin et vivait alors de lui-
même !

Pour ce qui est du recueil, cela faisait déjà quelques
années que je me demandais si j'allais un jour faire
quelque chose avec tous ces poèmes que j'avais pris
le temps de sauvegarder. Je trouvais difficilement
un moment pour m'impliquer dans ce travail
d'envergure. J'ai eu plusieurs requêtes d'amis afin
de publier un livre rassemblant mes poèmes. C'était
pour moi le signal d'aller de l'avant et de tout
rassembler dans un seul gros ouvrage qui allait
immortaliser l'œuvre dans son ensemble. Après
mure réflexion, j'ai voulu pousser le concept à un
autre niveau. C'est la raison pour laquelle j'ai refait
la finale de chaque texte afin d'avoir un prénom
différent pour chaque poème afin d'être plus
inclusif...

Chaque prénom a été sélectionné minutieusement.
Vous remarquerez peut-être que l'orthographe est
particulière pour quelques-uns, c'est parce que j'ai
préféré mettre de l'avant l'orthographe du prénom
de la personne à qui il était destiné au départ. La
seule chose qui est inchangée est l'ordre

chronologique des poèmes, à l'exception de mon
tout dernier que j'ai placé à mon prénom.

Une autre innovation que j'ajoute à ce recueil, c'est
le code QR que vous retrouverez au bas de chaque
page. Lors de votre lecture, je ne souhaite pas que
vous essayiez de décoder ce que j'exprime, je désire
que vous preniez un moment pour imaginer ce que
vous lisez. Avec un appareil mobile, vous pouvez
ainsi utiliser le code QR pour atteindre un site web
qui vous permettra de contribuer à chaque poème
et de le faire vivre à votre façon !

Maintenant, c'est à vous de faire en sorte que ce
livre soit un lieu de recueillement pour la
créativité !

Bonne lecture et place à votre imagination !

— Christian Hamel

*On n'a qu'un soleil, mais des milliers
de façons d'en parler.*

Témoignages

Je fais partie des chanceux qui ont reçu plusieurs
années de suite un poème personnalisé de la part d'un
vieil ami de jeunesse. Hors contexte ses poèmes
peuvent faire penser à une traduction français-anglais-
japonais-russe-cantonnais-bengali-anglais retraduite
en français. Certaines phrases peuvent sembler avoir
un sens... un sens obscur et tordu, mais tout de même
solide. Mais la vraie magie de ces poèmes réside dans
leur créateur. Connaitre Christian c'est connaitre
l'absurdité enjouée, la passion structurée, mais
déconstruite, la férocité de l'ours en peluche, et c'est
mieux comprendre le non-sens de sa prose.

Un poème d'anniversaire de Christian C'est un petit
rappel à notre cœur d'enfant de rire et d'apprécier la
légèreté et l'absurdité de ce monde. Merci à toi !

— **Cassandra Lindsay-Allard**

J'ai déjà reçu un poème d'anniversaire de la part de
Christian. Depuis, ma vie a changé. Asteure, je suis
marié et j'ai une fille. Coïncidence ? Je ne crois pas !

— **Luc Duchesne**

La première fois que j'ai reçu un poème
d'anniversaire, j'étais confuse et touchée. Je suis encore
confuse et touchée.

— **Lillie-Joe Parent**

J'ai eu la chance de recevoir au moins deux poèmes de
la part de Christian. La première fois, c'était magique.
Je suis une grande fan de l'absurde, du « *random* » et
des éléments de surprise. Ce premier poème était tout
ça. Ça m'a fait du bien et ma journée était
soudainement très spéciale ! Par la suite, c'était un
plaisir d'arriver à ma fête en sachant que j'aurai peut-
être le bonheur de recevoir des vœux plus que
personnalisés. Ce recueil me permet de me replonger
dans cette poésie festive et délirée !

— Emmanuelle Lachance

J'ai su qu'on était amis officiellement quand j'ai reçu
mon poème d'anniversaire. Ça fait du bien de se dire
que quelqu'un prend le temps pour toi, pour de vrai.
Les écrits de Christian trouvent toujours un moyen de
te faire dire *DE QUESSÉ ? ! ?*, te faire rire pis en même
temps ça fait l'effet d'une soupe sur ton petit cœur...
comme l'auteur en général !

10/10 would recommend les poèmes de Christian et
l'amitié de Christian.

— Sammy-Rose Dragunov

J'ai trouvé les poèmes d'anniversaire de Christian
originaux et particulièrement charmants à lire. Ils sont
drôles et personnalisés. On se sent beaucoup plus
unique qu'avec un simple « Bonne fête » classique et
au fond, c'est un peu ce que l'on veut le jour de sa
fête !

— Geneviève Décarie

Je me sens privilégié d'avoir eu droit à des œuvres
originales de sa part ! C'était très touchant, j'ai versé
des larmes à chaque fois ! Je n'aurai plus besoin de taxi
dorénavant parce que sa poésie est venue me
chercher ! Je vais lui ramener un panache de radis lors
de ma première chasse ! Merci, Christian !

— **Rémi Laflamme**

Je me levais le matin à mon ordi pis je me
DÉPÊCHAIS d'aller voir mes messages pour voir ce
que Christian m'écrivait. C'était toujours : "HAHA
QUOI" !?! Tsé, quand tu fais des sons de théière dans
ton lit parce que c'est trop drôle !

— **Jessica Therrien**

C'était tellement le fun d'arriver proche de sa date de
fête et de savoir qu'on allait recevoir un message
personnel, farfelu, mais chaleureux de sa part ! J'ai
aussi connu la période des faux souvenirs, après les
poèmes. Autant nos fauxvenirs que nos vraivenirs
sont mémorables. Honnêtement, je suis touchée de
tout ce qu'on a vécu et survécu ensemble ! ♡

— **Laurence Perreault**

J'étais très surprise de sa plume, car il est rempli de
talent, mon ami !

— **Fannie Lavoie**

Chaque année, j'attendais avec impatience le petit
poème ou texte de mon cousin Christian. C'était
toujours un bonheur de lire ses merveilleux messages,
pleins d'humour et surtout très absurdes !

— **Jany Descôteaux**

J'y ai eu droit une ou deux années. C'était bien
plaisant ! J'ai même eu la chance d'avoir un mix entre
un poème et une rencontre imaginée pour mes vœux
de fêtes. Si j'avais à décrire cela en un seul mot :
Délectable.

— **Steven Milhomme**

« Bonne fête et passe une belle journée » qu'ils
disaient. C'est bien, mais c'est ce que je reçois de tout
un chacun chaque année. Cette journée qui est censée
être spéciale est finalement normale, comme toutes les
autres journées de l'année. Jusqu'au moment où
Christian prend de son temps précieux et laisse aller
son imagination, l'instant d'un moment, juste pour
nous, alors qu'on ne se connait pas vraiment, mais
qu'on s'est croisé jadis dans le virtuel.

Christian n'était pas obligé de nous raconter une
histoire, mais c'est à ce moment que ma journée
d'anniversaire dite normale devenait spéciale, le
temps d'un recueil. Merci, Christian !

— **Alexandre Blouin**

Christian a le talent de prendre un seul mot qui a un lien, au moment présent de sa composition, avec la personne et de le tourner en strophes cocasses et sympathiques. D'ailleurs merci pour cette belle attention depuis des années.

— **Pat Larochelle**

Les vœux de Christian, du bonbon pour l'âme, absurde à souhait, rire garanti ! Je suis même convaincu que l'émoji rire aux larmes a été ajouté pour lui, grâce à lui ! Le *thumbs up* ne lui rendant pas justice ! Christian, maitre de l'absurde, l'élève à surpasser les maitres en devenant lui-même une catégorie ! !

— **Éric Lavoie**

Mon cher ami, merci pour tous les beaux poèmes random et messages loufoques et cocasses pleins de créativité ! Parfois je n'arrive pas à savoir comment tu fais pour trouver ce genre d'idée ! Mais le plus important c'est de faire attention aux poissons volants, ils rugissent si fort qu'ils nous surprennent ! Au plaisir de lire ton recueil !

Piétinement

— **Yumi Sadamoto**

Anniversaire
Christian
Sourire ambiant
Nous sommes dans une sphère

Le bon vieux temps
Ma fête j'attends
incessamment
Le poème de Christian

L'intention
Au-delà du sens
Un grand merci
intention d'ami

Merci pour les rires
Merci pour les sourires
Merci d'être un ami
Merci pour la vie

— Mario Paradis

J'ai eu le privilège de recevoir un incroyable poème
d'anniversaire de Christian et ses rimes sont
franchement étonnantes !!! Vieillir d'un an ne sera
jamais plus pareil ! Le tout a bien égayé la journée !!

— Emmanuel Fortin

Quand Christian m'a sorti un long texte pour me
souhaiter un joyeux anniversaire, j'en étais stupéfaite
de l'originalité. Pourquoi n'a-t-il pas le même talent
pour lire une carte de randonnée !?! Toujours perdu en
forêt !

— **Andréa Desruisseaux**

*Note de Christian : Hey ! Se tromper de chemin 100%
du temps, c'est un talent !*

Te rappelles-tu la fois où je t'avais dit que tu avais une
bonne plume, mais que tu t'en servais pour écrire des
niaiseries ? Ben si tu te souviens bien je t'avais dit de
ne surtout pas changer !

— **Pierre Courtemanche**

À cette époque, on ne se connaissait pas
beaucoup. Christian était cette personne qui m'avait
demandé de tenir un lama et pour prendre une photo,
alors j'avais trouvé ça comique ! Et donc quand j'ai
reçu le premier poème d'anniversaire, je n'étais pas si
surprise, plutôt souriante ! « Ah !!! Ce genre
d'humour ! J'adore » … L'humour qui rend heureux.
Alors j'ai essayé de l'imiter à sa fête, avec un court
poème de fête sur son mur dans ces années-là.
Cependant, je n'ai pas beaucoup de talent pour cela
alors ça devait être court. J'étais impatiente de lire ses
messages de fêtes, car il avait mis la barre haute !
Parmi mes messages de bonnes fêtes, les siens ont
toujours « stand out » pis ça rend heureux !

— **Jessie Frenette**

Christian et moi, nous avons toujours aimé offrir des
cadeaux originaux comme des chansons mal chantées,
des objets bizarres trouvés dans des brocantes ou de
beaux morceaux de bois. Mais un jour, Christian a
soudainement pété un câble. Il a décidé d'écrire des
poèmes à l'ensemble de ses contacts. Je n'ai jamais su
si c'était du génie ou de la folie — je suis encore à
l'étape d'essayer de comprendre les poèmes qu'il m'a
envoyés. Une chose est sure, il s'est donné pour offrir
un moment spécial à des centaines de personnes. Au
revoir les ordinaires « bonne fête » parfois
EXTRÊMEMENT DÉPRIMANTS ET RÉPÉTITIFS, et
bonjour l'originalité pour réellement souligner un
anniversaire avec brio.

Un autre jour, Christian nous a fait cadeau de versions
anthropomorphisées de nos photos (moi j'étais un
beau raton laveur très chic et sexy) tout en nous
offrant des colliers avec ses poils de barbe incrustés
dedans. Heu, OK, je retourne au sujet principal : je
vous souhaite une bonne lecture de ce livre atypique !
Personnellement, je conseille de lire un poème à
chacun de vos anniversaires, en ouvrant une page au
hasard, pour bien ressentir la même sensation que
nous avions en les recevant ! Christian, merci encore
pour ce cadeau !

Suite de ce témoignage à la page suivante →

Poésie d'anniversaire d'un ami qualité fluffy sur
l'échelle de douceur

Xylophone agréable à l'œil dans nos cœurs en soif
d'authenticité

Merci encore pour toutes tes petites attentions du
cœur

Ça fait du bien dans un monde ouille ouille pas
toujours sympa

Éternelles questions, éternels tourments, vie de
classeurs à attaches et de peurs

Dans laquelle, Christian Hamel, tu ajoutes toujours ta
touche de créativité bonne humeur

Yolo swag thank you pour ça bro

Joyeux Noël

— Dominic Fortin

Place à la poésie !

Adam

Il est grand
Tu es grand
Il est surprenant
Sa présence surprend

C'est un individu mystérieux
Et il est merveilleux
Je parle en ce moment
De ton double représentant

Dans le miroir de ta vie
Tu viens d'atteindre le nie
Une nouvelle ère s'ouvre à toi
Pour transférer ton âme au toit

Bon anniversaire, Adam !
Tu es maintenant président
Puisque vous avez échangé de corps
Tu contrôles parfaitement le décor !

Adèle

Tu es une éleveuse
De choses sérieuses
Je ne parle pas de crachat
Mais de grands mâts

Ton bateau, c'est ta vie
Ta vie, c'est ton ami
Tes amis
Sont les amis de tes amis

Aujourd'hui c'est la journée de tes amis
Qui vont prendre soin de ton ami
De ta vie
Sauf ceux qui n'ont pas suivi

Bon anniversaire, Adèle !
Telle une sentinelle
Tu t'éclates les bretelles
Face à l'essentiel !

Adrien

Le Nord est à notre ouest
En guise de prouesse
Marchons vers l'étoile Polaire
Afin de suivre les voies ferroviaires

Il n'y a pas de crime qui puisse t'arrêter
Puisque c'est toi qui a succombé à leur pâté
Les androïdes te montrent le chemin
Pour cultiver ton propre pain

Chez le boulanger
Tu bouffes sans bouger
Pour ne pas effrayer
La foule qui essaie d'essayer

Bon anniversaire, Adrien !
Ce n'est pas rien
D'avoir ton destin
Entre les mains !

Agathe

Me voilà
Te voilà
On est bien là
En veux-tu, en voilà !

L'équinoxe l'avait prédit
En jouant avec les radis
Comme la grande Ginette
Qui élève les girouettes

Référence soudaine à la Terre
Au bois
Au papier
Aux contrées

Bon anniversaire, Agathe !
Sache qu'on te gâte
Avec beaucoup de gâteaux
Dans ton château !

Aiden

Yarrrr matelot
Monte dans le bateau
Et tiens bien ton marteau
Parce qu'il n'y a pas d'eau

Yarrrr que le temps présent
Me fait penser à un serpent
Pas de ligne droite
Comme une pieuvre moite

Yarrrr qu'aujourd'hui, Aiden
Je te souhaite des mousses aidants
Pour que ton anniversaire
Soit une journée sans adversaires

Yarrrr de bon anniversaire, Aiden !
Yarrrr que j'ai mal à la tête
Yarrrr que ce n'est pas ma fête
Yarrr qui me manque un « r » à celui-là !

Alain

Ça germe le matin
Pousse le jour
Grandi la nuit
C'est un épaulard

Ô comme le vent a vanté
Je ne peux me laver
En ne pensant qu'à ce qui est arrivé
À ce satané cendrier

Le feu brule pour toi
En cette journée de patois
Tu peux en profiter au max
Parce que tu as eu la réponse de Max !

Bon anniversaire, Alain !
Et à tes 11 mains
Ce qui inclut celle que je t'ai volée
Lorsque tu es allé te baigner !

Albert

Pendant la guerre des clans
J'inspectais les plans
Pour atterrir dans ta cour
Ou dans ton yogourt

Le partiel est vert
La mère est mauve
L'arc-en-ciel est noir
La mer est rouge

Aujourd'hui c'est à ton tour
D'être un troubadour
Devenir nounours
Au centre de la brousse

Bon anniversaire, Albert !
À la lueur de tes 13 millilamberts
Je vois que tu es prêt
À souffler sur ton camembert !

Alex

Il y a longtemps
Pas loin des champs
Se trouvait un marchand
Qui n'offrait que des brigands

Maintenant c'est du passé
Aussi bien se raser
Et mettre de côté
L'époque des barbelés

Aujourd'hui c'est le présent
Il faut aller de l'avant
Et être reconnaissant
Envers ses accomplissements

Bon anniversaire, Alex !
Surveille tes réflexes
Parce que c'est toi qui décides
Ce qui doit être limpide !

Alexa

Il y a les oranges
Il y a les orages
Quand on est sur Mars
On n'est pas à Thouars

Le boomerang
Appartient au peuple australien
Ce que le bigbang
Appartient à l'éolien

Aujourd'hui tout fera la différence
Ce sera ta référence
Pour fêter ton anniversaire
Sans tes adversaires

Bon anniversaire, Alexa !
As-tu noté ce qu'on complexa ?
Comme les bonbons
Au charbon !

Alexandra

Il est une ile
Elle est une aile
Il porte une aile
Elle porte une ile

Il n'y a pas de miel
Dans un ensemble de salière et poivrière
Sauf dans certaines exceptions
Dans toutes ces options

Aujourd'hui c'est l'exception
Il n'y a pas de disparition
Où sommes-nous ?
Nous sommes des houx

Bon anniversaire, Alexandra !
Lorsque tu descendras
De ton escabeau
Tout sera beau !

Alexandre

L'art du cyclisme
Rouler sur un prisme
Monter un monocycle
Avec le tour des cycles

Un cèdre
En forme de dièdre
Les parèdres
Sans cathèdre

Capacités de l'amante
Qui sent la menthe
Faire une vente
Dans une fente

Bon anniversaire, Alexandre !
Il n'est pas nécessaire d'être dans les méandres
Pour reconnaitre que tu es costaud
En ce refrain pas pataud !

Alexis

Tout l'équipage
Tourne la page
Comme le potentiel
Roulement industriel

Aujourd'hui c'est différent
Tu auras ton serpent
Celui que tu adorais tant
Lorsque tu étais enfant

Frimousse, il s'appelait
Frimousse, tu l'appelais
Ce serpent plein de poils
Qui a révolutionné ta perception animale

Bon anniversaire, Alexis !
Frimousse est ton ami
Je ne veux pas que tu aies un malaise
De devoir brosser ton serpent à l'anglaise !

Ali

Une imprésario
Rare comme un morio
Être digne avec brio
À la hauteur des farios !

Aujourd'hui c'est pareil
Mais différent à Marseille
Pour toi c'est différent
Tu vis le moment présent

Les toits sont si haut
Qu'on peut y voir des bandeaux
Des logiciels
Et le mot protubérantiel

Bon anniversaire, Ali !
Tu vas te reposer de façon macromoléculaire
Sinon tu vas passer une année perpendiculaire
Comme les folliculaires !

Alice

Le bâton de pops
Fondait sous un chamaerops
Parce qu'il était tard
À cause du calmar

Le lutin me l'avait dit
De manger le midi
Au moins ce n'était pas interdit
Sauf pour les bandits

À chacun ses gouts
Je ne le dirai jamais assez
Des toasts c'est toasté
Des deux côtés

Bon anniversaire, Alice !
C'est sans malice
Que tu te vois gagner
Un lot d'épices !

Alicia

En revenant du Danemark
J'avais une attaque
De hamacs
À vendre dans le parc

Pleins de canards en quarks
En faisant quack
De la ville oligarque
Pleine de citations d'Hipparque

Ignore les faux hérésiarques
N'hésite pas à laisser ta marque
Lorsque tu rencontreras les ethnarques
Qui m'ont provoqué une anasarque

Bon anniversaire, Alicia !
Je te souhaite de gagner le tournoi de boccia
Avant que je ne devienne triérarque
Et toi, cénobiarque !

Alyson

En cette journée spatiale
Il m'est honorable
D'ouvrir mon cartable
Et d'être respectable

Tu aimes surement les téléachats
Comme eux aiment les bons plats
Adeptes de la haute gastronomie
Tous ensemble, vous êtes astronomiques

Il se peut qu'ils chantent
Cette nuit sous la tente
Ou de la tante
Ça dépend du montant de sa rente

Bon anniversaire, Alyson !
Nous sommes à l'unisson
Pour te faire passer une bonne journée
Je t'écris ça, sur un poney !

Alyssa

Le froid
Est roi
En ce mois
Pas trop courtois

Ne reste pas collée
Ne sois pas révoltée
Tu n'es pas condamnée
À nettoyer de l'acné

En cette journée drastique
Sans moustiques
Qui ignorent ton bonheur
Ainsi qu'à celui du bonhomme Sept-Heures

Bon anniversaire, Alyssa !
Ne t'alimente pas trop de yassa
On ne sait jamais
Quand on va manquer de mets !

Amanda

Il y a une voiture
Sur la toiture
Il y a de la mousse
Qui se frimousse

La luzerne
Des cavernes
La peine
Qui freine

Un cadre de porte
Que le chien apporte
De chez le voisin
Le grand raisin

Bon anniversaire, Amanda !
Je te souhaite des mandats
Pour t'acheter un yak
Et l'appeler Jack !

Amélia

Le vent
Fend
Le rang
De harfangs

Ils me regardent
Je les regarde
Je suis sur mes gardes
Ils me gardent

Les visons adulateurs
Sont arrivés en pleurs
Histoire de révolutionner
Les sculptures de nez

Bon anniversaire, Amélia !
Attention aux aurélias
Elles ne font pas attention
Aux bonnes intentions !

Amélie

Pas de cabanon
Pour Manon
Ni de spaghettis
Pour papi

Où sont les éleveurs de goberges
Quand on perd nos yeux sur les berges
Où sont les catalogues de pièces d'auto
Quand on perd un maillot

Toi, tu vas aller plus loin
Tu vas récolter ton foin
Pour le vendre aux témoins
Qui en a besoin

Bon anniversaire, Amélie !
N'ignore pas ce que tu lis
Sait-on jamais
Suis-je un marais ?

Amine

Le camion de pompier
Les pantalons de Laurier
Il n'y a rien à nier
Quand on ressemble à un panier

Ma grand-mère l'avait prédit
On est vraiment vendredi
Et j'espère qu'elle te l'a dit
Parce que je mange un gâteau inédit

Le miroir est transitoire
Quand ce n'est pas toi devant
Tu es une lumière réverbère
Ou un autre mot qui fait l'affaire

Bon anniversaire, Amine !
Sors ton crayon à mine
Je vais te donner les numéros gagnants
D'un bon montant !

Amy

Performant
Extravagant
Gommant
Sont tes nouveaux chants

Le sol
Le parasol
On ne sait jamais
Le meilleur choix qu'on fait

Jacques était prêt
À livrer ses bâtonnets
De l'autre côté de la planète
Dans sa corvette

Bon anniversaire, Amy !
Appelle tous tes amis
Je t'offre un satellite
Pour impressionner la visite !

Anaïs

Pirouette après pirouette
Je m'achète une girouette
Pour griller des couettes
Dans ma brouette

Aucun rapport avec la suite
J'écris de ma chambre
Pas de ma suite
J'ai des comptes à rendre

Ô que l'œil nous regarde
Ô qu' « ô » ça ne veut pas dire grand-chose
Attention !
Problème de fermentation

Bon anniversaire, Anaïs !
Pas de rime avec maïs
Cependant il est temps
D'être à contretemps !

André

Le brulement
Que je vends
Prends son élan
En marmonnant

Il y a les obstacles
Qui font le spectacle
Comme mon grille-pain argenté
L'argent fait griller

Aujourd'hui c'est différent
Tu peux prendre ton temps
Et profiter du moment
Puisque personne ne te ment

Bon anniversaire, André !
Tu as réussi un fromage cendré
Avec la force de ton savoir
Et la puissance de tes gravoirs !

Andréa

Tu es là
Tu fais les grands pas
Tu ne dors jamais
Sans tes coussinets

Le ciel t'élimine
Comme tu illumines le ciel

Bloc-notes
Preneuse de notes
Joueur de notes
Croque-note

Siffler dans la rue
Siffler ta venue

Bon anniversaire, Andréa !
On a une nécessité de réas
Puisque tu nous coupes le souffle
Avec tes pantoufles !

Andréanne

Comme au Maine
C'est ton début de semaine
Tous deux fêtent le bohème
De Saint-Éphrem

Cette date qui inspire
Lorsque tu respires
C'est la cloche de l'éternel ciel
Qui te pointe le ciel

Les princes des dents dansent
Les princesses des torrents chantent
Les rois pleurent
Les rennes s'envolent à l'heure

Bon anniversaire, Andréanne !
Sortons nos cannes
En cette journée pleine de chahut
Aux bahuts !

Andrew

Le python
Et le marathon
Élèvent du thon
Parce que ça sent bon

Le pourriel vert
Comme la mer
Et les magasins ouverts
Proches du couvert

Aujourd'hui, c'est différent
Grâce à tes parents
Tu peux être transcendant
Et te croire fêtant

Bon anniversaire, Andrew !
Rien de mieux
Que des arbres miteux
Pour des petits mots doux !

Andy

Le talent
Des gens
Le gars du temps
Un café m'attend

Le pain
Sous-marin
Mouiller du blé
Avec M. Tremblay

Pour l'instant
Oublions ces contretemps
Puisque c'est ton jour
Celui de tes labours

Bon anniversaire, Andy !
Je te l'avais dit
Que la joie t'envahirait
Lorsque tu recevrais ton méga conglomérat !

Angela

Le mal de tête
N'est que dans la tête
On ne peut le toucher
On ne peut le toucher

C'est peut-être physique
Mais pas comme ton corps
Arrête de te vanter
Tu n'es pas un mal de tête

Je mets ma vie privée de côté
Pour ne pas fâcher M. Côté
Les harfangs me regardent
Lorsque je dors par mégarde

Bon anniversaire, Angela !
Je te souhaite beaucoup de weigelas
En jouant de la vuvuzela
Pour souffler les chandelles à haute candéla !

Angelica

Pour qu'un jujube bleu
S'éteigne lorsqu'il pleut
Il fera place
Aux rapaces

Le cèdre est rouge
Comme les roches qui bougent
Et l'été
De de mes péchés

L'asphalte est natte
Comme le viriel écarlate
La lune se décroche
Un rôle sur Broadway

Bon anniversaire, Angelica !
Je t'offre des melicas
Pour poursuivre les jésuites
En fuite !

Angélique

Comme prévu
Tu l'as attendue
Cette âme perdue
Tu y as cru

Aujourd'hui ce sont les 100 ans
D'une ville d'habitants
Mais c'est aussi
La fête d'un être assis

T'inquiète
Ma santé mentale va bien
Je n'ai besoin de rien
Sauf faire le poète

Bon anniversaire, Angélique !
Fais attention à tes reliques
Et le tutoriel t'aidera
Et jamais ne te trucidera !

Anita

Le temps
Des champs
Le temps
Du printemps

Il y a le sol
Et les tournesols
J'en ai un bol
Fait en cobol

Pourquoi les chats
Ne sont pas gras
Pourquoi les serpents
Ne sont pas plus grands

Bon anniversaire, Anita !
Attention à Benita
Qui pourrait te surprendre
À pointer un gendre !

Anna

Il y a de l'air
Si éphémère
Qu'il nous laisse amers
À la limite de l'Alzheimer

Le filet est lancé
On saute à clochepied
Vers l'avenir
Qui semble ternir

Mais aujourd'hui
Tout change pour Louis
Puisque c'est certain
Qu'il ne prend pas le train

Bon anniversaire, Anna !
Je le cri sur les toits
Question de réveiller
Ceux qui sont étendus sur leur oreiller !

Annabelle

Guidon à la main
Fanion près du bain
La philosophie m'emporte
Traversons la porte

C'est du sport
De rouler droit
Quand on peut tourner
Sans se planter

Les cerfs-volants
Les cerfs qui volent
Les arcs-en-ciel
Les arcs sans flèches

Bon anniversaire, Annabelle !
Maitresse des rebelles
Aujourd'hui c'est une année jubilaire
Puissance et jachère !

Anne

L'arbre est feuillu
Comme un poilu
Les feuilles constituent son tout
La couverture continue son atout

L'éponge est molle
Comme du guacamole
Fines herbes approuvées
Purée d'entrées

J'aime un peu la destinée
Mais pas autant que le cauchemar abandonné
Il y a une nuance à faire
Lorsqu'on rencontre Lucifer

Bon anniversaire, Anne !
Il y a de quoi rire en canne
Quand on regarde les employés travailler
Sans devoir roupiller !

Anne-Marie

Comme dans une soupe aux poids

C'est encore moi
Je ne sais pas pour toi
Mais voilà exactement un an
Je t'avais parlé d'un évènement

Dans un poème comme celui-ci

La joie fatale d'un hippopotame
Qui avait aimé ses drôles de dames
J'en souffre encore
Je le vois qui se reflète dans mon armoire

Cesse de te rappeler cette époque !

Bon anniversaire, Anne-Marie !
La vie c'est comme une carie !
Chaque étape doit être remplie
Sinon gare aux otaries

Lorsqu'on dit un mot comme « gnognote » !

Anne-Sophie

Elle n'est pas pâle
La couleur qui recouvre la surface
Du léopard
Qui aime les manigances

Peu importe le fruit
Il sera toujours mûr
Comme un chat d'eau douce
On n'y peut rien

Des moments fragmentaires
M'ont dit de plier une circulaire
Puisque c'est circulaire
De lire le journal à l'envers

Bon anniversaire, Anne-Sophie !
En somme toute
Ne fais pas trop de philosophie
Sinon tu risques de gagner la joute !

Annick

Pattes de velours
Dents de vautours
Câlins de nounours
Joyeux calembours

Tous ensemble, forment un tout
Une prose

L'arbre me parle
Il me dit de ne pas dire « harle »
Il est trop tard
Je ferme mon store

J'ose
Et je dispose

Bon anniversaire, Annick !
Tu sais que tu es fantastique
Je le crie du haut
De mon escabeau !

Annie

Jadis, c'était si simple
Et ô combien magique
Maintenant, c'est différent
Tu es maitre des renseignements !

J'ai du mal à t'entendre
Comme si tu n'étais pas
Devant moi
Et moi, devant toi

Mais je sais que tu es là
Ne te cache pas
N'essaie pas
Je te retrouverai !

Bon anniversaire, Annie !
Personne ne le nie
Aujourd'hui tout t'est promis
Et c'est un conseil de mamie !

Anthony

Il n'y a pas de mot
Qui soit assez beau
Pour dire à quel point
Je hais les maringouins

Je devais trouver une rime
Avec le mot point, mais crime
C'est venu briser mon intro
Avec un élément de trop

C'est peu à dire
On ne peut mentir
Lorsqu'il s'agit
D'utiliser de la magie

Bon anniversaire, Anthony !
Soit présent à la cérémonie
C'est ce que je te souhaite
Aujourd'hui, lors de tes pirouettes !

Antoine

La piscine est bleue
Comme le potentiel est haut
On ne peut manipuler
Du plutonium à mains nues

On est presque l'été
Et je me sens un peu pépé
De porter des bas
En étant grippé

Mais le moment viendra
Et sera
Comme aujourd'hui
Avec la présence de Luigi

Bon anniversaire, Antoine !
Et attention aux pivoines
Elles tenteront tant bien que mal
De t'empêcher d'élever des chacals !

Antonio

Il est tard ici
Tôt pour toi
Il fait sombre ici
Autant pour toi

Il y a le temps
Il y a le paiement
Nous ne pouvons ignorer
Ce qui est passé

Je ne suis pas nu-pied
Mais je pourrais oser
Afin de nettoyer l'huilier
Et de te souhaiter

Bon anniversaire, Antonio !
Profite bien de tes fonios
En élevant des petites patères
Ou en embrassant des panthères !

Ariane

Chapeau bleu
Marteau à nœud
Sylvain à pois
Panneau de bois

Les pizzas sont noires
Lorsqu'on est dérisoires
Maison de pâtés
Pâtés de trahison

J'ai faim

Aujourd'hui c'est le jour
De la possession de tes cours
Pas en court
Mais bien cour

Bon anniversaire, Ariane !
Avec la présence de strontiane
Dans le but de gratiner des toasts
Avant que je nous arrose !

Arielle

Ouvre grand les bras
Mais pas devant un plat
Sinon un citadin implosera
Sous le signe des magistrats

On ne peut rien y faire
C'est ton anniversaire !
La fête de l'humanité
Et des aristocrates distingués

Le dictionnaire t'invitera
À signer la grosse lettre « A »
Pour s'extirper des vulpins
Comme le ferait un gros lapin

Bon anniversaire, Arielle !
Pendant les évènements sériels
On lance de la savane
Sur des aliments en canne !

Arnaud

Je m'enferme dans ma chambre
Près de l'oratoire
Je nettoie du charbon
Comme si c'était de la natation

Du haut d'un escabeau
Un panda en moto
Au ras d'un barbeau
Un addenda en auto

Une bretelle arc-en-ciel
Au cœur d'un cockatiel
Savoure son partiel
Avec Mireille

Bon anniversaire, Arnaud !
Même si tu n'es pas péquenaud
Peut-être un jour, qui sait ?
Maitre dans l'attachement de lacets !

Arnold

Les fripés masqués
On mange du blé
Le pépé tombé
Réparait le canapé

Les nuages me l'ont dit
De ne pas cibler le paradis
Les coquillages ne m'ont rien dit
Parce que ce sont des saloperies

Combien faut-il de chats pour miauler
Si on n'a aucun félin pour miauler
La réponse est simple
Il faut un chat simple

Bon anniversaire, Arnold !
Profite de tes jonagolds
Pour que ça dure plus longtemps
Sans avoir de restants !

Arthur

Bob a bobo
Bobo à beau
Beau bob
Bob est beau

Inutile d'insister
Les marmites l'ont nommé
Le monument de la fierté
Qui est ton vanupied

Le caramel est à bas prix
Ce que le bas prix est au caramel
2 phrases semblables
Mais pas de même longueur

Bon anniversaire, Arthur !
Ignore tes infrastructures
Il n'y a que du feu prépubère
Pour griller des légumes acuminifères !

Ashley

Voilà un an
Nous étions maintenant
Maintenant, nous y sommes encore
Plus tard, nous y serons toujours

La foi grasse m'enseigne
Comme m'illumine une enseigne
Les canards sont blancs
Et les renards sont sur le banc

Casserole d'éthanol
Les oiseaux volent
Bas en haut
Haut de jobas

Bon anniversaire, Ashley !
C'est ta destinée
Va, va et gambade
Comme la fanfare d'une parade !

Audrey

Les escalopes
Prises en Europe
Achètent les sandales
Avec dalles

L'humidité a fait son tour
Pour nous jouer un mauvais tour
Rien n'est facultatif
Pour les caniches abusifs

J'ai perdu mes bas
Mais je ne regarde pas plus bas
Parce qu'il y a un plancher
Sous mes couvrepieds

Bon anniversaire, Audrey !
C'est ce que dit le roi en aldrey
Qui boit du café au chocolat
Avec son ami koala !

Aurélie

Il tient dans sa main
La lueur d'un potin
Il se réveille un lendemain
Ce n'était qu'un rêve malin

Mais ce n'est pas perdu
Il y a encore l'éperdu
Qui est prêt à te multiplier
Tes reins comme pour ses ouvriers

Je regarde par la fenêtre
J'y vois des nuages beiges
Il n'y a point de cassonade
Sous ma moutarde

Bon anniversaire, Aurélie !
N'oublie pas que c'est avec un parhélie
Qu'on peut sculpter des trames
Et en faire des hologrammes !

Axel

Il tombe des cordes
On ne sait pas qui
Rire du bois
Dalmatien et carquois

Il n'y a pas de cercueil
Sur le passage à niveau
Comme sous la tente
Des clowns de l'église

Aujourd'hui c'est différent
Demande donc à un type marrant
Il faut s'y prendre de bonne heure
Pour lui faire peur

Bon anniversaire, Axel !
Aujourd'hui, il faut que tu excelles
Avec tes sauts en trampoline
Chez Pauline !

Baileys

Suite à son achat
On s'y accrocha
Personne ne se fâcha
Et personne ne cracha

Le marin pêcha
Mais il tricha
Quand il vit qu'il se fâchât
Plus rien ne clocha

Jouer avec ce qui s'effilocha
Écouter avec ce qui gricha
Rire le temps du tétrarchat
Vivre comme un chat

Bon anniversaire, Baileys !
Tu es un être balaise
Parce que tu es le dieu
Des êtres radieux !

Bastien

Les sapins
Ces coquins
Sont mesquins
D'après les bouquins

On ne dit rien
À un ancien
Parce qu'il est bien
Avec ses chiens

Je n'ai plus d'idée avec « in »
Aucune nouvelle de Fabien
Je crois qu'il est daltonien
On y arrive enfin

Bon anniversaire, Bastien !
Comme à ton ami Einstein
Qui aimerait être algonquien
Le Vendredi saint !

Béatrice

Le poulpe de glace
Celui qui mange flasque
A mangé l'âme
De son fauteuil infâme

Les lutins dansent
Car ils sont en transe
Pour cette journée de transcendance
Pour un être qui a de la bioluminescence

Je suis pieds nus
Je ne peux pas parler de mes bas
Puisqu'ils se sont abstenus
De tout commentaire à propos du sabbat

Bon anniversaire, Béatrice !
Tu es une réelle auditrice
Des musiciens en cagoule
Au milieu de la foule !

Benjamin

On peut le dire
On peut en rire
L'oriel de plumes
Vient d'avoir le rhume

Pour les référents
Qui clignent ardemment
Pour le salut du peuple
Et de la volonté du sextuple

Le pouvoir, c'est de pouvoir
Comme les savoirs, c'est savoir

La planète est ronde
Comme l'imperfection du monde
Elle est malade
Comme ses semblables

Bon anniversaire, Benjamin !
Je te souhaite du jasmin
Sinon le temps va s'arrêter
Pour recommencer !

Benoit

Le berger est magané
Ses brebis sont perchées
On ne peut se baigner
Avant de les brosser

Pourquoi les canards collent ?
Aux dents comme aux pans
Mon ardoise parle d'aérosol
Avec les campagnols

Aujourd'hui c'est ta journée
Tu peux te mettre à tourner
Fourmis en fourchette
Wombat et karaté

Bon anniversaire, Benoit !
Maitre des tournois
Pour un chameau tout beau
Qui rit sans placébos !

Bernard

Le miel des sentinelles
Puisait l'énergie du glockenspiel
Comme l'aube d'automne
Une chatte ronronne

Un sapin n'est pas une épinette
Comme une épinette n'est pas un pin
Tant d'arbres, si peu de différences
Les végétaux sont géniaux

Aujourd'hui tu dois en profiter
C'est le temps de proliférer
Pour répandre la bonne nouvelle
Sur les planètes stellaires

Bon anniversaire, Bernard !
Cousin des renards
Ne sois pas en retard
En te levant trop tard !

Bianca

Les lupins
Sont taquins
Ils aiment les dorés
Comme le macramé

On ne peut rien dire
Au peuple de l'empire
Qui ne sait s'amuser
Sans se baigner

La lune est petite
Le soleil est gros
Ils sont quand même de la même taille
Sinon les éclipses seraient différentes

Bon anniversaire, Bianca !
Pas de placc au Casablanca
Pour y mettre tout ce que tu aimes
Ces choses que tu estimes !

Billy

Les sauvegardes s'en moquent
Comme les reliques gigotent
Parce que Pierre
N'aimait pas les litières

On ne sait que répondre
À une poule en train de pondre
Puisqu'elle nous regarde
Avec tous ses gardes

L'herbe est verte
Ce n'est pas une perte
Lorsqu'on a la lèpre
Et que le mec est prêt

Bon anniversaire, Billy !
C'est le moment de sortir de ton lit
Tu peux te distraire de peu
Comme tu peux explorer avec un macareux !

Bobby

L'épée est trempée
Comme le chien est mouillé
Laisser ses trucs dehors
Ne leur donnent pas une valeur d'or

Mais ce n'est pas ton cas
Tu aimes bien les petits rats
Tous doux tous gentils
Sans le moindre souci

Les raquettes à Mariette
Les raclettes de Mariette
Mais qui est Mariette
Celle dont le prénom se termine en « ariette »

Bon anniversaire, Bobby !
N'oublie pas ton hobby !
De la vie et de la joie
Sous le chapiteau sans toit !

Boris

Les catalogues d'articles gratuits sont en rabais
Lorsque je caresse des bas de laine
Je ne peux oublier le quétaine
Du reflet éternel dans le marais

Rien n'est plus doux qu'un frein
Bien caressé d'un beau rein
Les léopards le sont aussi
Mais plus difficiles à trouver en scie

Le lendemain d'hier t'appartient
Tu peux danser et rigoler
Comme tu peux rouler dans la ouate
Et flatter des petits flamants roses

Bon anniversaire, Boris !
Cher complice
Pas d'argent
Pas de temps !

Boucar

Tous ont en commun
Le cout de leur sel
Comme pour le caramel
Et l'essence de miel

Le corbeau robot
Et les marmottes sans flambeau
L'herbe est gratuite
Pour les enfants de terre cuite

Il est donc de ton devoir
De rendre disponible ton avoir
Comme lorsqu'on est anticipatoire
Tout en caressant ses cheveux

Bon anniversaire, Boucar !
Tu es un bon lascar
Mais où va le monde
Quand on s'inonde !

Brandon

Les fruits de ta passion
Les légumes de ton agrume
Les liquides de ta splendeur
Les solides de ton bolide

On ne peut renier la peur
On ne peut renier les pleurs
Face au destin du poussin
Qui éduque des oursins

Lucifer en a après toi
Comme les chats te croient roi
Trop populaire dans ta circonscription
Les ténébrions sont marrons

Bon anniversaire, Brandon !
Aujourd'hui c'est différent
Tu mérites un remboursement
La vie t'apporte un message de paix !

Brian

Les radis sont à bas prix
Comme les prix sont inscrits
Sur des panneaux
Ou des robots

Les noisettes sentent les roussettes
Les girouettes goutent la silhouette
Laisse tes sens s'évaporer
Laisse ton sens te guider

Les capybaras se caressent le ventre
Autant que les grand-mères en inventent
Il faut en prendre et en laisser
Sauf lorsque tout est fusionné

Bon anniversaire, Brian !
L'ours t'offrira des brillants !
Pour marcher dans une étable
Pour ainsi crier des silences lamentables !

Brigitte

Les têtes-de-clou
Les prêles de poux
Les crêtes d'escabeaux
Les prêtres barbeaux

On gambade avec les mots
Comme on danse avec des hobos
Les tigres font les manchettes
Et les pizzas coupent des hachettes

Les fossiles te regardent
Ils veulent revivre les moissons
Qu'offrait autrefois leur lune
En mangeant des prunes

Bon anniversaire, Brigitte !
Au-delà de ton gite
Accueille le récipient des abreuvoirs
Pour mieux te percevoir !

Bruce

Les Juliens
Et les dalmatiens
Mangent mon parpaing
Avec des petits terrains

La recette est simple
Une pincée de raisins
Une tasse de pin
Et on saupoudre d'exemples

L'asphalte ne rougit pas
Le téléphone appelle un rat
Et le cosmos se retournera
Vers la grosse vente de débarras

Bon anniversaire, Bruce !
Le pangolin est dans la brousse
Il attend ta venue subtile
Pour lui faire des bruits de nombril !

Bruno

Le magnétisme dure
Comme les magazines sont durs
Le carton est marron
Comme un macaron

Les sauterelles sont vertes
Comme le vert est vert
Une partie de golf
En l'honneur du golfe

Aujourd'hui, on oublie tout ça
Car c'est ton anniversaire
Et tant qu'à côtoyer des patères
Aussi bien fêter comme le fer !

Bon anniversaire, Bruno !
Je te souhaite un gâteau au pruneau
Même si tu peux être maladroit
N'oublie pas que tu es roi !

Caleb

Son nom était long
Mais pas autant que Monique
On ne peut penser
À son outarde cosmique

Les pirates en avaient un tas
Derrière leur mât
Parce que leur bateau dansait
En roulant sur des portraits

Mais la maison le savait
Elle s'en doutait
Ton prochain l'avait prédit
Que sans sol, il n'existerait pas

Bon anniversaire, Caleb !
En ton honneur, on lancera un mahaleb
Écoute le cleb
Il vit dans le web !

Camille

Le safran
Coutait 13 francs
Comme le plan
Était très intimidant

Le pôle Ouest
Est à l'est
Comme les sœurs
Dessinent des cœurs

Aujourd'hui il faut faire différent
Manger sans ses dents
Comme les vendredis du printemps
Et frapper du lait pour les divans

Bon anniversaire, Camille !
C'est comme tourner une famille
On ne sait jamais de quel côté sera la lumière
Surtout lorsqu'on est fait d'antimatière !

Carl

Les cannibales
Distribuent de la salade
Avant leur balade
Dans la marmelade

On ne peut boire
Tous ses devoirs
Comme le disait le ciboire
Je vais toujours te voir

Le jus est bon
Comme une tranche de cabanon
Ou un œil du pardon
Je caresse un chaton

Bon anniversaire, Carl !
Je te souhaite un harle
Pour t'apporter des farls
Pour la fin, il faut qu'on s'en reparle !

Carlos

Pas à pas
Pas de pas
Pas du pas
Pas pas pas

Le ciment est mûr
Comme la pomme est dure
Ma main est sure
L'heure de la peinture

Le chien me regarde
Les dents me mangent
Mes pieds me piétinent
Et mes reins me félicitent

Bon anniversaire, Carlos !
Je te souhaite des colosses
En cette journée de buglosses
Taquinons les cynoglosses !

Carolanne

Ta joie est transcendante
Autant que tu es resplendissante
À l'aide d'un petit pot de beurre
Oublions nos pleurs

Le soleil se lève
Famfalafalipapouay
Petits lutins magenta
Qui mangent de la cookies pasta

Le pouvoir est entre tes mains
Et ce, depuis ce matin
Tu ne peux ignorer ce qui se plaint
Car jamais ils ne vivront de lendemain

Bon anniversaire, Carolanne !
Sans secret qui plane
On peut empêcher une fleur qui fane
De s'épanouir comme des caravanes !

Carole

L'arc-en-ciel était au sol
Les soleils sous les parasols
Le piquenique est courbé
Les piments de la vérité

Les pirates de l'espace
Les astronautes des mers
On ne peut prévoir notre passé
Comme le font les aptères

Le raton, par mégarde
Face à tes coudes en garde
Mes coudes sont à mes bras
Ce que ta journée est extra !

Joyeux anniversaire, Carole !
Prends tes banderoles
Elles vivront aussi longtemps que toi
Enrobées de chocolat !

Caroline

L'escalier de blé
La porte secrète
La lumière de téléportation
Un morceau du manche de balai

Les roches de l'arbre
L'arbre sur les roches
Rouler au sol
Sol roulé

Ce n'est pas encore l'hiver
Mais c'est encore vert
On peut marcher sur un ver
Mais pas dans un verre

Bon anniversaire, Caroline !
On te regarde sur la colline
Émerveillés par tes précieux
Lasers tirés par les yeux !

Catherine

Les réservoirs
Tôt le soir
Alliés avec la passoire
Exercent le pressoir

C'est le débordement
Enfermez les garnements
Soudoyez les contrevenants
La marée va nous rentrer en dedans

Il y a des jours
Avec du soleil
Mais moins d'ours
Sans abeilles

Bon anniversaire, Catherine !
Sauvegarde ta doctrine
Avant de détruire un gazebo
En le tirant dans l'eau !

Cécile

Les rideaux sont tombés
Mais pas trempés
On peut bien ignorer
Le vieux damné

La nature est pure
Les caricatures sont sur le mur
Les fleurs dans la noirceur
Et le malaxeur est sur un tracteur

En cette journée
Ne perds pas notre amitié
Puisque le courant est moulant
Avec des échantillons croulants

Bon anniversaire, Cécile !
En fixant leurs gros cils
Les girafes te salueront
Sur le pont de ton canon !

Cédrick

On ne peut calculer
Le nombre d'années
Qui nous permet
D'amener des carnets

La pieuvre renait
De l'œuf qui la contenait
Des années se sont écoulées
Et le sarrasin fut coupé

Aujourd'hui c'est ton choix
Tu peux mélanger des anchois
Ou fêter comme bon te semble
Ton anniversaire sans tremble

Bon anniversaire, Cédrick !
Puisque tu es cylindrique
On voit le pollen qui s'amène
Dans des périodes de phénomènes !

Céleste

100 patins
100 requins
Des requins
Avec des patins

On le voit
On les entend
On se méprend

Le présent porte conseil
La nuit porte le virtuel
L'ours rit du chat
Et le chat griffe le mât

Les catalogues sont gratuits
Comme les furets sous la pluie

Bon anniversaire, Céleste !
L'honneur à tes efforts lestes
Car tu es à la hauteur
De cette journée de fraicheur !

Céline

Les nuages
Et les parages
Montrent leurs plumages
À de vieux mages

Mais ne t'en fais pas
Les circulaires sont chères
Comme les bruits de pas
Qui se font trancher

Aujourd'hui c'est différent
Tu connais peut-être un aimant
Qui ne peut tirer de catamaran
Avec un sandwich piquant

Bon anniversaire, Céline !
Attention aux pralines
Ces lieux sombres et obscurs
Qui font penser à de la confiture !

Chantale

On peut courir sur l'eau
Et nager sur un cadeau
La ville est illuminée
Comme un logiciel mariné

On ne sait pas c'est qui
Mais on peut snifer un biscuit
Pendant qu'il cuit
On prend notre temps et on s'ennuie

Les talismans sont blancs
Avec les petits chiens volants
Les poèmes de Katiel Banc
Un poète qui n'existe que dans le néant

Bon anniversaire, Chantale !
En cette journée bicéphale
Les clés d'une capitale sont le secret
Du bonheur des gestes concrets

Charles

Arrivé à temps
Sans perdre son plan
Ton marathon sent bon
L'essence d'un blond

Ensemble de clés anglaises
Sans le rabais de la glaise
Humectée de cendres
Un mauvais coup du scaphandre

Mon lynx qui prend la poussière
Intimidant un adversaire
De père félin
En sculpte un câlin

Bon anniversaire, Charles !
Appelle-moi et déparle
On se comprendra comme des harles
On en parlera dans une fable !

Charles-Antoine

Les caribous
Lancent les hiboux
Les minous
Lèchent les nounous

Robin est un lamantin
Adénine est dicline

La poussière en montgolfière
Les oiseaux dansent en fourmilière
Le satin est brun
Mais on ignore jamais mon cajun

Aujourd'hui, ce mot étrange
Ce mot sans synonyme
Est une journée unique
Qui t'appartient sans tunique

Bon anniversaire, Charles-Antoine !
Un long mot comme pneumopéritoine
Ou bien pneumorétropéritoine
Écrit sur une cétoine !

Charles-Olivier

Qui que tu sois
Il te trouvera
C'est un maitre en soie
Car il n'a pas de toit

On pense qu'il danse
Pendant qu'il pense qu'on danse

Les bélougas sont bleus
Mais Martha n'est pas mieux
Elle ignore son sort
Reçu d'une équipe de spores

Les étiquettes sont inversées
Comme mon chandail est mal imprimé
Les vaccins c'est pour les coussins
Comme les lapins avec des dessins

Bon anniversaire, Charles-Olivier !
Ne prends pas un air de mobilier
Sinon il ne pourra plus respirer
Et ça pourrait te faire transpirer !

Charlie

Les citernes en berne
Les barquettes de pirouettes
Jacques est un merle
Il aime les perles

Il n'y a pas d'artéfacts
À l'intérieur des flaques
Je ne parle pas des bisons
Qui endossent des moutons

Jupiter est comme la Terre
Elle s'envoie en l'air
Dans le néant de la matière noire
Qui compose les limites du Labrador

Bon anniversaire, Charlie !
Gloire aux bizarreries
Appel d'un établi
Élaborons des anomalies !

Charlotte

Le réveil d'une merveille
Sonne à la porte d'une cohorte
Pour manger ce qu'il y a
Autour des tibias

La perte d'une découverte
L'avilissement d'un némerte
Pascal l'avait dit
Il n'aime que les radis

Être tarabiscoté de biscottes
Sans imprégner son pâté de carottes
L'ulcus congelé, main dans les poches
Marcher vers une très grosse roche

Bon anniversaire, Charlotte !
Caresse une marmotte
Ou une barbotte
Vous porterez les mêmes culottes !

Chloé

Le disco envahissait ses subordonnés
Mais ce n'était pas un ballon de volley
Ni quelqu'un sans acné
Parce que c'était un jockey !

N'oublie pas les ultraviolets
Ceux qui s'échangent des planches
Dans le but de gagner des sifflets
Pour être certains d'être étanches

Grosse apostrophe
Qui intimide une strophe
Il n'y a plus de problème
Surtout dans mon cas

Bon anniversaire, Chloé !
À la vanité des méloés
À la douceur des diploés
Au sous-sol de la Chiloé !

Christelle

J'ai un gros épervier
Qui se baigne dans l'évier
Les tambours mangeaient des raies
Comme les ours fixaient des arrêts

Baliverne !
C'est trop vrai !
C'est le mois de mai
Quand le mois d'avril prend fin

Mais on oublie ça !
Ce n'est pas un drap
C'est juste un cobra
Qui porte le bas

Bon anniversaire, Christelle !
C'est au nom des haridelles
Afin que la nostalgie nous envahisse
Que l'araignée te tisse !

Christian

L'acériculture a des rayures
Comme le chat a une toundra
Le catalogue est rogue
Comme le foin du babouin

Les lanternes s'ouvrent
Le pollen nous couvre
Dans ces moments de courges
Qui grandissent sous la tourbe

Cinq-cent-douze
Deux fois onze
Huit et quart
Drapeau à l'écart

Bon anniversaire, Christian !
Merci, toi, cher assistant
Ainsi qu'à tout le monde !
On ne peut pas oublier
Ceux qui ne m'ont pas oublié !

Christine

On aime ça essoriller
Parce qu'on est des hêtrières
Marmelade sans enjeu
Avec des pare-feux

Le chien aime son eau
Et le tracteur se flatte la peau
La suite du numéro quatorze
C'est un maitre qui bronze

En cette journée de balle au nez
N'oublie pas ton canapé
Qui attend d'être drapé
Par ton arrivée

Bon anniversaire, Christine !
Allons voir les vitrines
L'autre côté des cuisines
Et on va devenir platine !

Christophe

Le bacon est bon
Comme le balcon est con
Les marins sont de mise
Comme les marquises sont permises

L'ile est si loin
Que je vois des pingouins
Pour le salut d'un malus
J'aiguise des suces

La roche est grise
Comme la sève du bâton
J'ai raté mon dernier vers
Parce que je suis un réverbère

Bon anniversaire, Christophe !
En tant que philosophe
Tu peux devenir prof
En jouant de la cloche !

Christopher

Le bonhomme en mobylette
La paire de billettes
Je rime avec girouette
Quand j'essore des chaussettes

Le ciel peut tomber
On ne verra pas d'huile camphrée
Disparaitre sous un balafré
Et giguer avec un gros poney

La profondeur est sombre
Ça manque de lumière d'ombre
Les pizzas ont un nombre
Qui permet de sortir des décombres

Bon anniversaire, Christopher !
Viens chez le coiffeur
On va lui faire peur
Avec nos golfeurs !

Chuck

L'arbuste est à la Prusse
Le pommier est au pompier
Le banc est gênant
Le marin est bleu

On ignore jamais assez
Ce qui s'est passé
Lorsqu'on s'est fait placer
Dans une cage de papier

Les lanternes sont ternes
Le balcon est ferme
Le lavabo se paterne
Comme mon citron dans l'hypoderme !

Bon anniversaire, Chuck !
Le chinchilla est sous le choc
L'univers danse dans un vase
Parce qu'il a une mauvaise phase !

Cindy

Le soleil
En sommeil
Renforce son appareil
Qui récolte les groseilles

Les roches sont lourdes
Elles sont aussi gourdes
Le jambon est bon
Comme un savon blond

C'est donc l'abréviation
De cette journée de célébration
Qui possède le pouvoir
De boire avec l'ovoir

Bon anniversaire, Cindy !
Auprès de la raffinerie
Berceau des incendies
Ça peut être approfondi !

Claire

La poussière
De la rivière
Traverse les tanières
À la recherche d'une prière

On fait la paire
Avec le calcaire
Pour succomber à la mer
Qui épanouit les ères

Le soleil devant
Le soleil d'avant
Le soleil de printemps
Le soleil du temps

Bon anniversaire, Claire !
Je crois que c'est clair
Que tu contrôles les éclairs
Pour devenir exemplaire !

Clara

Aux pénombres du chambeur
Se trouve un empereur
Qui aime le beurre
Mais pas sa sœur

Le sifflet annonce le danger
Comme la fin d'un damier
On lance nos sous-vêtements
Pour se mettre des paravents

J'ai perdu mon poisson rouge
L'auriez-vous vu dans la courge ?
Je l'avais pourtant mangée
Et jamais revue dans son panier

Bon anniversaire, Clara !
Tu ne seras jamais dans un débarras
Car on le déclara
Que tu vaux des milliers de carats !

Claude

Tu es là
Avec ton plat
Tu attends ton repas
Les mains sur tes tibias

Les satellites
Les monolithes
Deux vers de mêmes longueurs
Pour la force des rongeurs

Les escabeaux bruns
Pour la révolution
Ménageons des pions
Et dansons à Verdun

Bon anniversaire, Claude !
En cette journée sans fraude
Je te souhaite la compagnie d'une perchaude
Que tu pourras appeler Émeraude !

Claudia

C'est le début d'une ère
On ne peut que s'y plaire
Puisque c'est dans la circulaire
D'un magasin extraordinaire

J'invente des histoires
En parlant de mon lémur
Puisque le sol est un répertoire
Qui change dans des fémurs

Sans sens
Sens de cent
Cent pains
Tarte aux raisins

Bon anniversaire, Claudia !
Aujourd'hui, oublie tout ça
La luzerne est polie
Et les rats ne sont pas des acalculies !

Claudie

Les muffins spatiaux
Les spéciaux
Les hippopotames marginaux
Les bébés pas beaux

On ne peut ignorer les palmiers
Qui embrassent des pommiers
Apostrophes
Un village sans messe

La cité de l'épervier
Sciait le jus de l'évier
Dans ma cuisine
Je cache des cousines

Bon anniversaire, Claudie !
Il faut que ce soit dit
Amuse-toi bien
Comme un oursin !

Claudine

Les trombones en toboggan
Les brigands en bagnoles
Les branquignols en ouragan
Les yatagans en guignols

Rien ne peut expliquer
La complexité des damnés
Qui aiment les portobellos
Avec un pseudo-intello

Aujourd'hui c'est certain
Tu dois mettre tes patins
Pour aller sur le terrain
Et récolter de gros raisins

Bon anniversaire, Claudine !
N'oublie pas les dauphines
Qui réclament les festivités
D'un pâté sans exclusivité !

Clémence

Il n'y a pas de savon
Sous la pelure de mon jambon
On est bien à la maison
Quand on a un million de chatons

Je regarde par la fenêtre
J'y vois apparaitre
Des réceptacles de fer
Pour envelopper une patère

Le carcajou mange mou
Après s'être cassé le genou
Sur un caribou
Qui n'aime pas les remous

Bon anniversaire, Clémence !
Trahison de la démence
Tu requiers de la transparence
Lorsqu'on a ta présence !

Clément

Il n'y a pas de chantier
Dans un cocotier
Parce qu'on prend le temps d'aider
Un vieux mal léché

La route est longue
Autant que mes ongles
À côté d'une ecchymose
On adopte de l'arthrose

L'éléphant l'avait prédit
C'est aujourd'hui jeudi
Jour de paye
Jour des corneilles

Joyeux anniversaire, Clément !
Je dois être clément
Avec mes suppléments,
Puisque tu es dans ton élément !

Clyde

La danse des girouettes
La chasse aux paillettes
Je lève des manchettes
En rabais chez Marquette

L'opossum dans un éland
Exécute un ultimatum
Dans le but d'élaborer
Le sentier des damnés

Aujourd'hui c'est fini
Chaque chose va reprendre sa place
Parce qu'on est samedi
Et que c'est la fête des guédis !

Bon anniversaire, Clyde !
Pas besoin d'aide
Lorsqu'on t'apportera
Ton doctorat !

Colin

On lance des briques
Sur le magasin de fabriques
Pour être magique
On boit de la musique

La camomille est en sauce
Le concessionnaire lève des toasts
Ma planche de bois est brune
Elle a aussi le rhume

Quand le chat danse
Les souris trépassent
La roche est bleue
Comme de l'eau de Claire

Bon anniversaire, Colin !
Cher adepte de gobelins
Surtout les plus coquins
Donne-nous des potins !

Constance

C'est comme un arbre
Sur le dos d'un cheval
On ne peut crier
Dans l'oreille d'un damier

Les citrouilles sont bleues
Comme mon pied est rugueux
Les lynx sans espoir
Comme un des cieux du fermoir

Une couleur qui n'existe pas
Un chiffre qui ne se compte pas
Un gout invisible
Un son lumineux

Bon anniversaire, Constance !
C'est de circonstance
Que je te souhaite bon anniversaire
Le jour de ton anniversaire !

Coralie

C'est un été
Sans épée
Qui appelle un balafré
Dans un sous-sol isolé

Le camion
Dans un avion
Commande en patin
Un petit train

En cette journée
Cultivons des forcenés
Dansons comme des canetons
Dessinons des ponts

Bon anniversaire, Coralie !
N'oublie pas d'avoir d'autres anomalies
Autre que l'aristocratie
Sans négliger ton endogamie !

Corinne

Il y a un boisé
Qui se fait ramoner
Comme le fer d'une patère
Et les moustaches de panthères

Les carrioles en compote
La croute de l'eau
Le silex nuageux
Les souliers d'un palmier

Grandes sont les géantes
Dans la grange
Les gérantes se sont prédites
On ne fait pas d'arthrite

Bon anniversaire, Corinne !
C'est grâce à tes copines
Dans tes bottines
Que tu es une nouvelle héroïne !

Cristina

Piew piew les lasers
Piew piew les grand-mères
À chacun son saumon
À chacun son poumon

Le fond d'écran blanc
Avait de la poussière de dents
Parce que mon alligator
Était mort demain soir

Ma fenêtre est ouverte
Ça sent bizarre
Je crois que ce sont des castagnettes
Qui ont brulé sur la jaquette

Bon anniversaire, Cristina !
Grâce à ton quinquina
Tu pourras traverser
Sur un traversier !

Cynthia

La chaine est rompue
Comme le canard charnu
En buvant du jus
On ne se sent pue

La balançoire des enjeux
Les répertoires de mafieux
Je mélange mes aïeux
Dans le but d'être merveilleux

Poulies de satin
Clavier de Martin
Voiture souterraine
Baiser de marraine

Bon anniversaire, Cynthia !
N'oublie pas ton parka
Parce qu'il y aura des Incas
Qui dansent la lambada !

Damien

Les poissons sont bleus
Comme la lotion qui pleut
Les citrons sont ronds
Comme la mer est pleine d'air

L'arbre est grand
Comme le safran
Sur la frontière du néant
Je manigance un éléphant

Le sol grossit
Comme le ciel rétrécit
Les yeux en larmes
Rions des gendarmes

Bon anniversaire, Damien !
N'oublie pas que le spaghetti est mien
Après avoir dormi
Avec une grosse fourmi !

Daniel

Tant de souffrance
Tant de jouvence
Tant de mouvance
Tant d'indépendance

On l'ignore le matin
On l'envie le jour
On s'ennuie la nuit

L'éternel cycle qui se termine
L'éternel cycle qui commence

Les pigeons sont ronds
Comme le macaron du pont
Mollusque à queue
Poil de rat

Bon anniversaire, Daniel !
On sait que tu es un bon fraternel
Bien qu'équienne
Cette journée te sera prégardienne

Danny

Le sifflet
Filtrait l'air
Le pubère
S'estompait

Pissenlit de lit
Disait le marquis
Chaussure dans son assiette
Disait la casquette

L'astre s'intensifie
Comme le mien s'épaissit
On ne peut ignorer
L'attaque du salivé

Bon anniversaire, Danny !
Tu n'es pas banni
De la polygamie
Alors soit en bonne compagnie !

Daphné

Les maringouins
Dans le foin
Son brun
À Iskenderun

Les caribous
Dans les choux
Cuisses de roues
Avec des minous

La suite des crépuscules infestait
Le sommeil des panais
Au lever de la lune
Au coucher de la prune

Bon anniversaire, Daphné !
Mets ton cache-nez
Ça va boucaner
Avant que tu aies soufflé !

Dave

Rien à râper
Le fromage est doré
Comme un pita fermé
À la porte jammée

Le train surveille
Le passage des merveilles
Comme un arc-en-ciel
On peut afficher une corneille

Sans l'attente
On oublie la tante
Quand il fait trente
On perd nos tentes

Bon anniversaire, Dave !
N'oublie pas d'aller au rave
Afin d'être ton propre trophée
Que tu mérites de gagner !

David

Les oranges mauves
Les teintes pauvres
Les bras écaillés
Les dragons veloutés

Rien à jamais
Toujours à plus
Le caramel est sensoriel
Le jus est sectoriel

Sifflet d'émeus
Sons rugueux
Air solide
Conscience drastique

Bon anniversaire, David !
Un saccaride
N'est pas un sac à rides
Sinon c'est invalide !

Delphine

Les patates
Matent les chattes
Qui dansent en cercle
Sur le rebord du couvercle

Rien n'est gagné
Rien n'est perdu
On est ardu
Comme des épargnés

La nuit se couche
Le Martin se lève
On dine à midi
On cuit un incendie

Bon anniversaire, Delphine !
Tu es très fine
Mais derrière tes tibias
Se cache Sadalachbia !

Denis

Il n'y a pas de plage
Dans l'orage
Bien sont les danois
Mauvais sont les désarrois

Le patio est beau
Comme le rongeur est plat
L'oiseau chante
Et le siffleux est creux

Aujourd'hui, ces problèmes sont derrière toi
C'est le temps d'oublier le chemin du roi
Quand on rencontre un convoi
On arrache notre foie

Bon anniversaire, Denis !
Je te souhaite plein de pennies
Pour faire ton voyage en Albany
Pour saluer des bannis !

Denise

Les carapaces en mélasse
Sont très perspicaces
Quand on beurre notre arc
À l'aide d'un Marc

L'objet est rond
Comme le cercle en fait don
Le savon est bon
Comme du zeste de melon

L'arbre de la table
Cultive des étables
En criant dans les cheveux
On flatte des macareux

Bon anniversaire, Denise !
Remets ta chemise
Tu mérites ta devise
On paie en cerises !

Derek

Les lucioles m'ont dit
Que j'étais une parodie
Je suis fort
Comme un placard

Le secret persiste
Comme un planchiste
Qui mange des riches
Sur la clôture d'une niche

Comme un gros contrepied
Qui gagne des trépieds
Trois oiseaux
Et un feu d'eau

Bon anniversaire, Derek !
Dévisageons du regard
Un ringard
Qui n'est guère en retard !

Didier

La mère de la mer
Le sol enfoui
Rappelle le fer
Qu'un vélo traduit

Le pin de foin
Le brin de fafouin
La roche sous le pavé
Il y a bien une université

L'alphabet des muets
La tourte en bobettes
Le soulier des cendriers
Le mur du circonstanciel

Bon anniversaire, Didier !
Je te souhaite un vivier
Pour te faire une armée de truites
Pour éviter les fuites !

Diego

Robert le vert
Roger l'étranger
Daniel le miel
Armand le tannant

Tous des vedettes
Tous des crevettes
On les mangerait
Cuites sans arrêt

Le feuillage de pages
Les poutres sans frontière
L'eau de robot
Canard de pénard

Bon anniversaire, Diego !
Comme la panthère à gros égo
Qui se cache sous ton lit
Pour chuchoter la nuit !

Dimitri

Le bouleau était corsé
Comme un écorné
L'arbre du fanion
Le vélo de Marion

La route est une perle
Qui cache des séquelles
Chaque matin
Espère le lendemain

Mon chien est dans la niche
La niche n'est pas riche
L'œil du statut
L'arrivée de ma rue

Bon anniversaire, Dimitri !
Ne sois pas meurtri
Puisque c'est toi qui contrôles
La suite de ton rôle !

Dominic

Les bas de carrières
La lumière de l'ombre
Le panache du silex
Un bain de plantains

La rue est loin
Comme le crésus est certain
Que le voisin est malin
Quand on lui vole son étain

Peu à peu
Jour à jour
Les nuages m'enragent
Car je suis en partage

Bon anniversaire, Dominic !
N'oublie pas tes briques
Pour lancer sur les fabriques
Qui ne font que des trucs anharmoniques !

Donald

Le savon
Est rond
Comme un ballon
Dans le creux d'un chaudron

L'ouvrier de la tanière
Se brossait le derrière
Avec une motte de critères
Pour ressembler à une patère

Loin au rivage
Je regardais un mirage
Un de perdu
Dix d'oubliés

Bon anniversaire, Donald !
Je ne te souhaite pas une journée hexagonale
Comme si c'était un pré
Dans lequel tu gambades sans t'arrêter !

Droo

Like a popsicle
On a bicycle
I'm here to make a box
And put in there, a fox

This is my only poem in English
I'm not a totem
But if you like the sky
It will be like a magical husky

We all know a snake
Who has sawed a cake
With his friend pancake
A single corn flake

Happy birthday, Droo !
It's a good day for you
To take pictures around the planet
Like a boss in secret !

Dylan

Le pion dans le talon
Le blond dans le jambon
La grosse roche grise
Est pas mal grise

14 dollars
74 polars
Rien d'aztèque
Dans la roulathèque

Les trilles dans la parade
Les filles dans mon cartable
Je marche tout droit
Vers un grand roi

Bon anniversaire, Dylan !
Je te souhaite une cabane
Dans le but d'élever un iguane
Que tu nommeras Caouanne !

Edgar

Le renard
Était en retard
À la foire
De la gloire

Les dinosaures l'ont dit
Il faut de l'amour chaque samedi
Pour se croire ses amis
Et être là à demi

À chaque tyrannosaure rex
Son index
On pousse dans la porte
Pour écraser l'aorte

Bon anniversaire, Edgar !
Tu es comme le roi de l'art
À dos d'épaulard
Qui récolte le pourboire !

Edith

Le supermarché
A bien fonctionné
Comme pour le narval
Qui a bien fait son travail

Le sapin de luzerne
Fuyait ses peines
Lors de la fête des baleines
On manque de place dans les veines

Le bois est en noix
Comme les noix sont en pois
Le trampoline à Pauline
Le pantalon à mon talon

Bon anniversaire Edith !
Ce ne sera pas facile de trouver un mot
Qui rime avec « ith »
Alors je termine avec le mot oratorio !

Édouard

Le soldat magenta
Riait des raies
Sans secret magique
Il saignait son fric

Le moulinet criait
C'était le jour de paie
Les nuages l'indiquaient
On pouvait sautiller dans le marais

La rue d'à côté me l'a dit
La grosse montagne c'était une perdrix
J'écris avec un clavier
Je ne suis pas un maitre pâtissier

Bon anniversaire, Édouard !
Aucun déboire
Après mon départ
Sinon je serai en pétard !

Elena

Échantillon de Cloud gaming
Les seins des lemmings
Le solde économique
Sentait la brique

Le poème présent
Est absent
Ailleurs de ce monde
N'existe que des rondes

Branché sur l'éternité
À la découverte du thé
On rénove un canapé
Sans se soucier de ses souliers

Bon anniversaire, Elena !
Rejoins-moi au delta
Je te dirai en auvergnat
Ton résultat !

Eléonore

Les bavettes
Mangent de la raclette
À câbles découverts
Ils vénèrent leurs pères

L'escabeau pas beau
Le corbeau marteau
Percer des trous
Remplir des écrous

Je ne suis pas dupe
Je sais marcher sur des drupes
Comme dans le roman
De ma grand-maman

Bon anniversaire, Eléonore !
Tu es de l'or
Mais bicolore
Et ça t'honore !

Éli

Comme un caribou
Qui nage dans la boue
Les collets au cou
Il regarde un coucou

Les coquillages sur la plage
Les mariages de grillages
Une clôture au milieu
Une pâture de queue

En parlant de dent
On se met en rang
Pour être les premiers
À l'accepter

Bon anniversaire, Éli !
Aujourd'hui
Ne commets pas de délit
Sinon on ne sera pas servis !

Éliane

La noix des champs
L'être de sang
Opaque comme une armoire
Le soir des histoires

Seuil de végétation
L'âme en orientation
Le combat entre tes mains
Jusqu'au petit matin

Respirer en guise de pèlerins
Faire un accident de patins
Oublier le passé cassé
Avancer les mains vers les pieds

Bon anniversaire, Éliane !
Je t'invite à Matane
Pour trouver de la tisane
Qui rime avec pédimane !

Élias

La télévision ouverte
On ignore sa couverte
Puisqu'on a des pointeurs laser
Pour viser les adversaires

Les tirets
Sont vraiment maillets
En criant et riant
Nous sommes des tirants

L'accueil du cercueil
Le départ en léopard
Les vampires sont pires
Que des tirelires qui se tirent

Bon anniversaire, Élias !
Je sors mon as
De cœur
Pour te faire peur !

Élisabeth

Les bottes concernées
Les marmottes pas efféminées
On marche vers le vert
En guise de grands-pères

La hutte fait des culbutes
Un diamant qui ment
La roche est carreautée
Comme ma veste à acheter

L'arbre de la forêt
Le gout de la mer
La pulsion de l'air
Le sourire d'un espoir

Bon anniversaire, Élisabeth !
Ignore le diabète
Fuis les cigarettes
Ton gâteau est une dette !

Élise

Le museau du rez-de-chaussée
Aimait les clapets
Lorsque la nuit tombée
Un orgue se faisait dérober

L'arbre qui gémit
Accepte son macaroni
Trop chaud pour lui
Sans fromage cuit

On a beau rire
On ne peut être pire
Que lorsqu'on rit
Le visage tout décrépit

Bon anniversaire, Élise !
Sans qu'on se séduise
Je te laisse ce message
Car tu es une vraie sage !

Ella

Le poivre est noir
Comme une rime notoire
Le silex de pneu
Encadre les aveux

La lampe est folle
Comme l'oursin de la carriole
Le soir est romagnol
Comme le rossignol

Traverse la rue
Change de vue
Tu ne peux continuer
À écraser du blé

Bon anniversaire, Ella !
Bien que tu méthyles
Du bonheur de lechriopyla
En espérant que tu alkyles !

Elliot

Gilles Pomerleau
Le mangeur de paquebot
Surfait sur son radeau
À la recherche d'un gros pas beau

Arrivé sur les berges
Il s'est enfoui une asperge
Avec l'aide de son concierge
Pour fêter l'arrivée des vierges

Sans contredit
Ça marque les esprits
De tirer des akis
Sur des sans-abris

Bon anniversaire, Elliot !
Sans entrer dans les anecdotes
Je sors mon télescope
Pour qu'on ergote !

Élissa

Les patins
Du requin
Sentaient le chien
Qui aimait l'urbain

Un œil crevé
Sans la moindre purée
Soulagé par la Corée
Le magicien a explosé

Le soin de mon zoo
L'âme de Waterloo
Justin n'est rien
Luc est loin

Bon anniversaire, Élissa !
Et vice versa
Puisqu'on s'adressa
En teressa !

Élodie

Le cylindre
Le cintre
Rien de moindre
Qu'un élan de cassandre

La pluie en vert
De vert en puits
La balle rebondit
Vers le parterre

L'arbre tomba
Pour nourrir plus bas
Ses amis sans fracas
Pour un avenir qui survivra

Bon anniversaire, Élodie !
Fais une allégorie
Écoute ton aérobie
Ressens ta cérémonie !

Éloi

En criant
On est tyran
Bref, nous sommes des agents
À la recherche du méprenant

On coupe l'orteil
De celle qu'on croyait pareille
À une sauterelle
Qui n'aime pas les tunnels

Gauche, droite, haut et bas
Le chemin se dessine
Dans le rôle d'un sabbat
Sans trop de gazoline

Bon anniversaire, Éloi !
Puisque tu me l'as ébloui
Je t'écris avant que le mois soit fini
Et que tu tombes dans l'oubli !

Eloïse

Les croquettes
De la marquise
Sentaient les recettes
Celles qui ne sont pas permises

Le tronc est marron
Comme mon chien est coquin
Criant sur des agents
Je suis assis sur un banc

Aujourd'hui
Il faut oublier les truies
Pour ne pas avancer vers le soleil
Et pogner un coup de soleil

Bon anniversaire, Eloïse !
En toute franchise
Il ne faut pas qu'on s'épuise
Quand on se magnétise !

Élyse

L'ail
Sème la pagaille
Comme un épouvantail
Derrière un cheval

C'est le dilemme de l'avenir
Ce qu'on souhaite faire parvenir
En mangeant des Wladimir
Et en buvant des espadrilles

Le vent dans les cheveux
On peinture des pneus
Comme si c'était joyeux
D'avoir oublié ses nœuds

Bon anniversaire, Élyse !
Il est temps qu'on s'immobilise
Pour qu'on se modélise
Ensemble dans la remise !

Émile

Cinq dents
Sur une brosse à temps
Chantaient le printemps
Sous un arbre blanc

L'écureuil en contrefeu
Pointait l'un des deux
Sans avoir pensé
Il était au rez-de-chaussée

Saute ici
Danse là
On aime les touladis
Quand on range des plats

Bon anniversaire, Émile !
Viens sur mon ile
On bâtira un chenil
Pour faire des danses faciles !

Émilie

Les bandits
En mobylette
Achetaient des mamies
En raquettes

Un sous-verre de moins
Pour l'arbre au loin
Qui avait la grippe
Et qui fumait la pipe

La page blanche
Sur les branches
Tel le criquet
Qui a perdu son sifflet

Bon anniversaire, Émilie !
C'est sans ravioli
Caché sous ton lit
Que je te souhaite une journée bien remplie !

Emma

Non, non, non
Il ne faut pas user les pronoms
Sinon on se transforme en guenon
Et on mange nos napperons

Les fleurs, c'est pour la peur
Le chocolat, c'est pour la rigueur
Un trampoline, c'est pour le cœur
Et les castors, c'est pour le circateur

Plein de chiens en liberté
Rien pour nous en ramener
Il faut pousser plus loin
Que l'élevage de pingouins

Bon anniversaire, Emma !
Descends de ton mât
Nageons jusqu'au Kenya
Pour voir les sierras !

Emmanuelle

Le rouge
De l'infrarouge
Regardait la mouche
Dans sa douche

Le poil frisé
Il se fait piquer
Par une herbe damnée
Qui savait parier

Le train
Dans ma main
Ressort au loin
Avec ses coincoins

Bon anniversaire, Emmanuelle !
C'est vraiment sensationnel
Que tu aies pu gagner du caramel
Au concours de rêves mutuels !

Emy

Le poisson en canne
Une cargaison de vannes
Une overdose de RAM
Victoire pour les femmes

Au plus profond de son être
On ne peut élucider un lysimètre
Qui aime les prés lacustres
Même sans avoir de ranatre

La chevrette dans la grande
Le char dans la plante
L'avion dans les boxers
Le vélo dans le plastiqueur

Bon anniversaire, Emy !
Ignore tes ennemies
Je te souhaite alors du tamari
Pour le partager avec tes amies !

Enrick

On absorbe des acariens
L'air de rien
En sifflant des airs de bambins
Tout en fixant le chien

Le mot de passe de ton être
C'est de te reconnaitre
Le mur est si beau
Qu'on oublie les chameaux

Des rumeurs disent
Que tu es une aiguise
Mais après t'avoir prêté mon crayon
Je peux dire que non

Bon anniversaire, Enrick !
Je ne serai pas trop excentrique
Ni égocentrique
En te souhaitant d'être tantrique !

Enzo

Une main
De marin
Hey ho !
Matelot !

C'est en faisant le plein
De mon bateau repeint
Que j'ai perdu mes freins
À côté de mon refrain

C'est la nuit
Que je vois la suie
Derrière des établis
En train de brosser une truie

Bon anniversaire, Enzo !
Loin des zozos
Mangeons des chorizos
Pour célébrer avec de l'ouzo !

Éric

C'est un robot
Qui s'appelait robot
Pour que ça rime avec robot
Comme les mécanismes appelés robots

L'arbre dans la forêt
La statue du jouet
Le calendrier du fouet
La fumée du calumet

L'axe de l'horizon
La vitesse du hérisson
Le présent que nous oublions
Pour laisser place aux ténébrions

Bon anniversaire, Éric !
En cette journée fantastique
Je te souhaite plein de gamiques
Pour fusionner avec des trucs magiques !

Érika

Le paysage
Dans le visage
Le regard
Des loubars

La roche est rose
Pas comme le chien qui prend la pose
Un sentiment sans précédent
Et on entend un narcotrafiquant

L'eau du ruisseau
Le derrière du matelot
L'air du boutefeu
Le feu des mouches à feu

Bon anniversaire, Érika !
On sera délicats
Lorsqu'on t'écrira
Ton fameux certificat !

Estéban

Il était une fois
Un gars qui a perdu son foie
Dans son effroi
Sans perdre confiance en soi

La lune est brune
Comme l'éléphant est sans rancune
La baleine rigole
Et le trombone revient en carriole

La table est solide
Comme un écran de benzanilide
L'herbe bien tournée
J'installe un trépied

Bon anniversaire, Estéban !
Afin de passer une journée forte comme du furane
Je te souhaite une collection de cleptomanes
Afin de frimer devant les caouanes !

Estelle

L'opale en deltaplane
L'arbre de cyclane
Un rat dans le poisson
Et un plat de rigodon

Voilà les ingrédients
Pour faire du parmesan
On est bien sûr un représentant
Lorsqu'on n'est pas avec le temps

Le satellite de mon être
Les castagnettes de tes rêves
Un bas en moins
L'infini dans le coin

Bon anniversaire, Estelle !
Adepte de soupe ménestrel
Je te souhaite un aéroplane
Pour voyager vers les iles Caïmans !

Esther

C'est la mi-temps
La fin du mois t'attend
Un jour à la fois
En dansant sur des carquois

Le lombric magique
Peignait des briques
Pour mieux creuser
Dans la noirceur d'un fossé

La tartinade
À la marmelade
Pleurait la disparition
De son apparition

Bon anniversaire, Esther !
Je t'enveloppe de polyester
Pour réinitialiser tes repères
Face aux bestiaires !

Ethan

Il est là
Il est plat
Ça appartient à Gédéon
C'est son étron

On l'ignore
Sans son accord
Puisque aujourd'hui
C'est un moment séduit

Le pouding de la vigne
Sans la puissance des mixtilignes
Pour renforcer son érigne
Lors d'un moment de joie consigne

Bon anniversaire, Ethan !
Cache ton méthane
Siffle les bécanes
Croque les médianes !

Étienne

Le sirop a une odeur de gêne
Comme celui d'un grand-père sans gaine
Se faire des rôtis au four
Comme farcir un clown en amour

Le Gilles dont tu parlais
N'était qu'un crapet
Il me le disait
Lorsque je le bottais

L'arbre porte fruit
Les fruits portent l'arbre

La rivière sans tonne
Appelait sans tonalité
Elle parlait à son menton
Qui dansait un rigodon

Bon anniversaire, Étienne !
C'est en fixant la bouche pleine
De gâteau à la baleine
Qu'on peut saluer le sage chevaine !

Éva

Le quotidien
Ce magicien
Regardait Lucien
Se prendre le machin

Non, non, non
Il ne faut pas être téton
Quand on a un ponton
Pour protéger notre melon

Le castor insiste
Il ne faut pas être matrapastiste
Même si ce mot n'existe
Que dans ce poème laxiste

Bon anniversaire, Éva !
Oui, c'est déjà
Le moment de faire du cinéma
En chantant de l'opéra !

Évan

L'apostrophe
De ma strophe
Tu t'appartiens
Comme un martien

En grandissant
Le blanc
Nous avons l'union
Des séparations

On les entend
Ils font du vent
Avec leurs parents
Les fins de semaine durant

Bon anniversaire, Évan !
Loin de la panne
Tu n'as pas encore de canne
Je te souhaite donc un élasthanne !

Ève

À bâbord
À tribord
Le navire
Chavire

Le sang dans les veines
Le sucre dans les rennes
On ne peut nier
L'apparence du panier

Quand le soleil se lève
La lune partage sa sève
Comme un Mardi gras
Sans danseur de spas

Bon anniversaire, Ève !
En cette journée de trêve
Je te souhaite qu'on te soulève
Pour monter au-dessus des rêves !

Évelyne

Quand le cougar attend
On ne sait pas ce qu'il lui prend
D' attacher un serpent
Entre ses dents

Le pouvoir de l'agneau
Sans son cerceau
Plongeait en haute mer
Du haut d'une patère

Les rimes qui suivent
Sont sans ennui
Puisqu'elles sont mini
Et ça va comme suit

Bon anniversaire, Évelyne !
Je sais que tu déclines
Toutes les espèces non félines
Surtout la résine !

Fabio

Gédéon sans néon
Le marathon sans thon
Paul sans Line
Bibi sans bine

Le proverbe l'avait prédit
Il faut s'en être remis
Pour se sentir sans nids
Quand on est dans la magie

Le poulet est laid
Comme une table à lait
Contrairement à la joie que nous procure
Une bonne manucure

Bon anniversaire, Fabio !
Avec un gâteau bio
En rabiot
Chantons à la radio !

Fabrice

Comme un sitcom
Qui s'appelle rectum
On jette des parabellums
En sifflant avec du catasetum

Non, on n'est pas surpris
Quand on a des mies
On regarde nos amis
Et on ignore les taudis

On n'y pense pas
On n'y songe pas
On n'y ronge pas
On n'y plonge pas

Bon anniversaire, Fabrice !
Sans pensée conservatrice
Encourageons l'action novatrice
Pour une société observatrice !

Fanny

Poire et poireau
Globe et globaux
Ride et rideau
Bat et bateau

La génétique de l'agneau
Réside dans sa peau
En sifflant son chalumeau
Il pétrifie un chameau

Comme pour Robert
Qui trille son camembert
Sur le rond de son poële
Il me siphonne les artères

Bon anniversaire, Fanny !
Pensons à ton épiphanie
Sans être tressaillis
Pour ne pas faire la zizanie !

Félicia

Les camions à ciment
Dansaient sous les rangs
Qui furent découverts
Qu'en Angleterre

Il n'y a pas de postiche
Dans un sac de pouliches
Mais ne t'en fais pas
On en mange plein, des rats

Courir sans mourir
Avancer sans reculer
Crier sans détruire
S'instruire sans finir

Bon anniversaire, Félicia !
Lorsqu'on négocia
Sous une laurencia
On te souhaita des acacias !

Félix

Sans le recevoir
On appelle un magistrat
Dans l'unique espoir
D'y faire un contrat

C'est avec des portes empoisonnées
Qu'on avance sur un damier
Les pièces qu'on a dansées
Sur la bordure d'un fossé

La neige sur le palmier
Les poissons dans la glace
Les squelettes en navette
L'hémisphère du noyau terrestre

Bon anniversaire, Félix !
Tel le phénix
Qui survole un obélisque
Tu provoques une éclipse !

Félix-Antoine

Un pas avant l'autre
Rien de plus ou de moins
Comme le coude des apôtres
Et le temps des foins

Un katana et des mains
Comme le rêve des nains
Ne manque pas le train
Lorsque tu dormiras au refrain

Saute et avance
Sur la balance
Qui te permet
D'être simplet

Bon anniversaire, Félix-Antoine !
Tu es un patrimoine
Pour tous les moines
Qui vénèrent les iguanes !

Flavie

Trois paires de bananes
Cinq silex en papier
Deux tomes de cabanes
Mille patois de Vanier

Le pouvoir des abreuvoirs
Le malard du grand manoir
On n'a pas fini nos devoirs
Quand il vient le temps de s'assoir

Les brebis
Les présidents sans vernis
Les étuis sans pluie
Et les mamies sans fruit

Bon anniversaire, Flavie !
C'est sans contravis
Améliorons la photographie
Et écrivons la biographie !

Florence

L'arbre unique
Est lié aux autres
Par ses racines
Sans qu'on puisse s'en apercevoir

La tortue en trottinette
Chantait des vers de bobinette
Qui parlaient de canettes
Tirées par des chainettes

Le hêtre frisé
Semblait me regarder
Perdu dans le sablier
Je portais mon tablier

Bon anniversaire, Florence !
À bas la violence
Sans ignorance
L'heure est à la romance !

Florent

C'est l'ère romaine
C'est l'aire des rennes
C'est l'air ancien
C'est la haire méridienne

Sans le voir
On est des manoirs
Pour souffler plus loin
Que la limite de l'aspiration

Un pas à l'avant
Un demi à l'arrière
Recommencer sans penser
Agir sans réfléchir

Bon anniversaire, Florent !
Sens-toi grand
Puisque maintenant
Tu es le prince charmant !

Florian

C'est sans plomb
Quand le sol est gelé
Et que les cheminées se ramonent
Qu'on mange des pommes pelées

Le cactus frisé
Aimait bien les pâtés
Sans la force fraternelle
Et sans odeur des aisselles

Il y a longtemps de cela
Au début d'une époque
Le commencement d'un truc
C'était la suite d'une fin

Bon anniversaire, Florian !
C'est en riant
Qu'on se surprend
En s'exfoliant !

France

C'est avec César
Que j'élève des épinards
Dans le recoin d'un tiroir
Pour fumer un peignoir

La pierre est hip
Comme la roche est hop
Le caissier me donne du tip
Parce que je suis trop top

Sans atteindre de proies
On avance dans un carquois
Afin de savonner un joli minois
Qui refuse d'accepter son quota

Bon anniversaire, France !
C'est devenu une cadence
De bouger sur de la musique trance
Pour éloigner la démence !

Francis

Ça ne sert à rien
De vouloir un martien
Si ce n'est que pour ses reins
Qu'il porte à la main

On aime bien les patois
Comme on déteste les putois
Il faut profiter des rois
Avant de devoir des oies

Les subterfuges des sandales
Mangent beaucoup de cannibales
En oubliant les Rénald
Qui aiment bien jouer dans les barricades

Bon anniversaire, Francis !
Je ne te souhaite aucune malice
En cette journée lisse
Comme l'entrejambe des supplices !

François

Une journée symédiane
Un souhait de strontiane
Bonheur sans liane
Vers le fil d'Ariane

On n'ignore jamais les chats
Quand vient le temps des appâts
On roule sur le sol de frimas
On polit des restants de carats

L'arbre fruitier
Du haut de son damné
Cette forêt qui existe encore
Que dans l'espoir des comptoirs

Bon anniversaire, François !
C'est rare qu'on se voie
Mais quand on est sur un toit
On accepte d'être en loi !

Frédérique

Le gazon
Sur le cabanon
Chatouillait Manon
En dessous de ses talons

L'eau des créneaux
Suivait le chant des oiseaux
Poulie à la perche
Le lama se sèche

Gigue ou non
Caramel ou savon
Une mangue en manque
Une pelle de tank

Bon anniversaire, Frédérique !
Ignore les éthériques
C'est une journée féérique
Loin d'être générique !

Gabrielle

Sans abricot
On élève des machos
Avec des manchots
Pour créer des maires chauds

Bi bi bi bi
Disait l'instrument assorti
Dans le bas du placard
Défilant son grand miroir

Couronne de fer
Souliers en paire
On n'arrête jamais
Le grand maitre des marais

En cette journée sensorielle
Je te dis bon anniversaire, Gabrielle !
En pointant le ciel
On peut percevoir des muscadelles !

Gabriella

Un avion sans pion
Un château sans râteaux
Un plat sans appât
Un manteau sans eau

Le remède de l'univers
C'est d'en faire sa Terre
S'il était là
Il serait fier de toi

La chaleur se répand
Comme le fait un serpent
Quand on l'entend
Se déprendre d'un catamaran

Bon anniversaire, Gabriella !
Je te souhaite un mozzarella
En guise de présent il y a
Sur le dos d'une artémia !

Garry

C'est en me levant
Cette nuit en dormant
Que j'ai bu du solvant
De bonheur d'éléphant

En m'apercevant un être élégant
Je me suis dit qu'il était grand
C'était le fils de ses parents
C'était le roi des ans

Tu es l'être de cette journée
Un poème pour t'aider
À aimer les pâtés
Et ricaner comme un déchainé

Bon anniversaire, le Garry !
Viens en Bulgarie
Afin de pouvoir conquérir
Tous les jours de l'avenir !

Gaston

C'est semi-trompé
Ce couple de pommiers
Qui tente de nous tromper
Avec leurs gaines encastrées

L'eau est calme
Sur ses palmes
On y cultivait des rames
Dans le but d'être des trames

La mélodie du moment
Celle à qui on ment
Pour avancer le temps
Nous rapporte beaucoup de gens

Bon anniversaire, Gaston !
C'est le moment de la baston
Dans une boite de carton
Avec tous les ratons !

Geneviève

Les citoyens coquins
Les éleveuses de requins
Qui savent faire du patin
Avec un vilebrequin

Sache que tu sauras
Comprends ce que tu entends
Exprime la dime
Pour le pouvoir des rimes

Une touche à la fois
Tu découvres ta foi
En tant que jeune mercenaire
De ton anniversaire

Bon anniversaire, Geneviève !
Suite au traité de Genève
Comme Adam et Ève
Tu peux cultiver la sève !

Georges

On n'utilise jamais assez les mots frettes
Comme tabarouette
Ou girouette
Ou encore castagnettes

Par contre, on aime les ringuettes
Quand sonnent les sonnettes
Loin dans ma bavette
Je synchronise des mallettes

On dira ce qu'on voudra
On aime gratter sous nos pas
Tant que c'est du lait de rat
Qui compose notre fromage féta

Bon anniversaire, Georges !
En tant qu'adepte d'orge
Je te donne la permission
De te faire pousser des ailerons !

Gérard

En tant que champ
Sans aucun talent
Qui t'apporte la brise
Qui est de mise

En ces temps immémoriaux
On a des vaisseaux
Bien que spéciaux
Ils sont peu spatiaux

La pomme du lutin
Est faite de satin
Ce que l'onguent napolitain
Appartient au malin

Bon anniversaire, Gérard !
Croque du cheddar
Sur mon guépard
C'est le grand départ !

Ghislain

En criant des mots
Qui n'ont aucun bateau
Possédant le temps
On avance en harpant

Bulle de canicule
Avancer vers le vestibule
En changeant de plan
On danse comme des cerfs-volants

Le traineau de la rivière
La voiture de pierre
Le chien de carrière
Le début d'une ère

Bon anniversaire, Ghislain !
Je te souhaite d'avoir des reins
Pour en avoir tout plein
Et les partager comme un saint !

Gino

En tant que soulier
Je fais bien de me limer
Puisque je suis un patin
Qui souhaite devenir marin

L'arbre dans le sol
Le marbre dans la colle
On collectionne les cols
Pour cacher les genoux de Nicole

Puisque tu aimes danser
Avec des dinosaures mariés
On admire ta persévérance
À offrir la délivrance !

Bon anniversaire, Gino !
Je t'apporte un cappuccino
En trio
Avec deux cardinaux !

Gisèle

Contre les instruments
Je frappe un médicament
Pour faire un son que tu entends
Au-delà de ton tympan

La brume
Est brune

Poulet rôti
Cheval qui applaudit
Sur le dessus d'une toupie
Avec son plus beau tapis

Le jus du sac
A coulé dans le lac

Bon anniversaire, Gisèle !
En cette journée à la cannelle
Je te souhaite plein de zooxanthelles
Pour être connue à grande échelle !

Grégory

Les patins à roue sur glace
C'était mon idée au départ
Mais je l'ai perdue tard
Et tu l'as retrouvée

L'excédent de martes
Sous les bas de tarte
Le déficit de labradors
Sur les frontières du Labrador

Un arbre plein d'enjeux
Un acre de nœud
C'est quand il pleut
Que le furet est piteux

Bon anniversaire, Grégory !
Je te souhaite des cadeaux en séries
Pour impressionner la catégorie
Qui vit dans ta trilogie !

Guillaume

C'est un coup à donner
Après s'être levé
Pour ensuite avancer
Sans regarder le passé

C'est en gravant la montagne
Qu'on cultive du champagne
Dans la distance d'une campagne
Avec les frères de Charlemagne

En poussant des cris de souris
On arrive à accéder au nid
Celui sans prix
Mais pour lequel on est ravis

Bon anniversaire, Guillaume !
C'est dans ton royaume
Que tu peux contrôler ta paume
Et espionner comme une agripaume !

Guy

Non, ne le cache pas
Tu as ton compte pour ça
Recevoir des souhaits d'anniversaires
Pour cette journée extraordinaire

Je le vois
Ça vient de moi
Un poème de deux ans
Qui mangeait les enfants

L'accent circonflexe
Sur le thé complexe
Engageait la situation
Avec son père d'adoption

C'est avec l'académie
Que je te dis
Sans répit
Bon anniversaire, Guy !

Hakim

Parachute en hutte
Tom en chute
Robert, la tuque
Le pigeon sans perruque

Un sapin marin
Sur le côté du terrain
Prêt à chanter son refrain
D'animal patin

Saut de marteau
Bateau de tombeau
Eau de beaux
Coco de pipeau

Bon anniversaire, Hakim !
Rien ne t'abime
Mais ça se termine
Lorsqu'on te taquine !

Harley

Hippopotame à la rame
Sein qui entame
La caravane des gitanes
Et le poème de Prague

Être ancien sans se marier
La piscine des capucines
Le brocoli dans le plat
Le wouf wouf dans sa touffe

Route du miel
Chant des abeilles
La ruche est une cruche
Sous l'arbre de sabres

Bon anniversaire, Harley !
Avec ton franc-parler
Qui nécessite d'être alarmée
Si on se fait larver !

Harry

Le dieu pissenlit
Caché sous ton lit
Invite ses amis
Sans avoir d'avis

Poisson en rond
Magicien canon
Gout de pronom
Saveur de savon

410 millisecondes plus tard
Il est encore fêtard
Afin de voler un canard
Sur le dos d'un épaulard

Bon anniversaire, Harry !
Je te souhaite de la magie
Parce que tu es comme du duvet
Qu'on flatte sans arrêt !

Hassan

Rien de mieux
Qu'un petit vieux
Pour chanter avec un pneu
À un robineux

On pellete du ciment
Comme on prépare un lancement
Pour crier des mots
Et ainsi siffler aux baux

Au loin
Je vois un coin
Qui s'approche du foin
Pour en prendre soin

Bon anniversaire, Hassan !
Tire-toi un croissant
Sur ce plancher glissant
Et ce sera embarrassant !

Hélène

La douceur sous la porte
Les plumes de la cohorte
Il y a un mur
Qui construit des mures

Connaitre la violence
Connaissances d'essence
Magie de la transcendance
Avenir en effervescence

L'axolotl des antres
Le poème des astres
Luxure et bulles
Caramel et libellule

Bon anniversaire, Hélène !
Toi qui instruis les collégiennes
Pour devenir des comédiennes
Aériennes !

Henri

C'est plein de limaces
Dans mes grimaces
La voisine l'avait prédit
C'est le temps inédit

Un, deux, trois, virgule
A, B, C, vestibule

L'oiseau dans ton œil
C'est loin d'être un écureuil
Saint-Satin
Saint-Sein

Liquide poli
Banane en coulis

Bon anniversaire, Henri !
En cette journée de magie
Je te souhaite de gagner un sirli
Comme si c'était un wienerli !

Hermione

Un ventre
Qui s'éventre
Une jambe
Qui l'enjambe

Crier aux outardes
Pleurer aux mascarades
Chicaner un nouveau-né
Couper un occupé

Ton bât en bas
Des personnes sans cran
Un état démesuré saturé
Qui sera bientôt trucidé

Bon anniversaire, Hermione !
Personne ne t'espionne
Lorsque tu sermonnes
Dans un interphone !

Horo

Rien qu'en sifflant
On peut appeler le vent
Comme le repousser
Le territoire d'un chantier

Un arbre dans le remblai
Un poteau dans la forêt
Les flamants
Sont nos amants

Il n'y a pas de caribou
Dans la boue
Seulement des loups
Sans dessous

Bon anniversaire, Horo !
Forte comme un taureau
Sublime comme les coraux
Tu atteindras les littoraux !

Hubert

Le peuple
Du sel
Quadruple
Le givre

Une botte
Dans la chaussure
Et une motte
Sur la penture

L'ouverture de l'avenir
La fermeture à venir
Foncer droit devant
Sans regarder les rangs

Bon anniversaire, Hubert !
En cette journée tributaire
C'est toi le plus populaire
Du grand salutaire !

Hugo

Immergé dans la mousse
Se perchait un singe qui tousse
Pour interdire les frimousses
À se damner la styromousse

Cinq lettres
Un verbe
Six couplets
Un duo-tang

Le poil sur la toile
L'écaille sur la caille
La plume du stylo plume
La vie sans calomnie

Bon anniversaire, Hugo !
C'est un devoir d'être conjugaux
De s'inscrire au judo
Pour ne pas être brutaux !

Hugues

C'est le pouvoir
De la patinoire
Qui permet de percevoir
Une échappatoire

Proche de loin
Près de rien
Malade de guérison
Guéris ses envies

Un pilote à la gauche
Il grignote à la droite
C'est comme une débauche
De saveurs qui se tutoient

Bon anniversaire, Hugues !
Ne fais pas la fugue
On se subjugue
Puisqu'on se conjugue !

Ian

C'est un peu loin
L'oiseau des besoins
Celui qui est malsain
Qu'avec un marsouin

La route de l'infini
La rue de midi
Le chemin sans pluie
La ruelle des fruits

Patte de singe
Sèche le linge
Bêche la sphinge
Dèche de pachyméninge

Bon anniversaire, Ian !
Agrippe-toi à la liane
Pour suivre le fil d'Ariane
Et festoie avec plein de strontiane !

Ibrahim

Terres du Japon
Tranches de jambon
C'est comme un affront
Envers les napperons

Une matière prospère
La lumière du grand-père
Cinq jarretières de supers
Une canetière sans guerre

Un mulet devant soi
On se sent roi
Lorsque c'est pour toi
Qu'on s'harmonise de joie

Bon anniversaire, Ibrahim !
Oublie tous les régimes
Il faut que tu t'exprimes
Ce ne sera pas un crime !

Ines

Élevage à l'aneth
Un cœur de pommette
Disait un squelette
Sans urètre

Le drame drastique
Des dieux élastiques
Suffoquait les plaies
Des humains niais

Sur le pouce d'un doigt
On pouvait y voir des croix
Comme au fond d'un moulin
Et de notre ami Saturnin

Bon anniversaire, Ines !
Enfilons nos malines
Traversons les Philippines
Cueillons des fines !

Isabelle

C'est sans sandales
Qu'on a des dalles
Prêt sur la pédale
On attaque Fort Lauderdale

Les lutins
Sont marins
On ne manque que de forains
Avec une paire de patins

Un commencement devant l'autre
J'ai les jambes croches
Au secours, je suis barré !
Ah non, finalement c'est O.K. !

Bon anniversaire, Isabelle !
C'est écrit dans le ciel
Sur un arc-en-ciel
Que tu as la douceur du caramel !

Ismaël

Cent coquins
De gros chiens
Promenaient leur requin
Sébastien

Le sapin
Au loin
Chantait dans le coin
Avec les marsouins

Lorsqu'on était astronautes
On volait avec les marées hautes
Dans le but de s'allier
Avec les afronautes

Bon anniversaire, Ismaël !
Contrairement à Israël
Il n'est pas impératif de regarder vers un pré
Parce que tu es déjà fêté !

Israël

Le sang des grands
Le rang des géants
Un orteil pareil
Comme une corbeille

Le pin de pain
Transforme le pantin
Les soins du chien
Comme les coincoins du patin

La rhubarbe
Pognée dans ma barbe
Me traite de barde
Comme si j'étais un monotocarde

Bon anniversaire, Israël !
Regarde le grœnendael
Il s'amuse dans les prés
Et c'est à ton tour, le fêté !

Issac

La couenne
Sans cenne
Suffoquait
À l'arrêt

Pilosité de fer
Force de grand-père
Tronc à l'envers
Sur les berges de la mer

Dix neufs
9999999999
Rien de surprenant
Venant d'un brigand

Bon anniversaire, Issac !
Loin de l'arnaque
Prêt de la baraque
On contrattaque !

Jack

C'est en avril
Qu'on sert nos espadrilles
Pour sortir nos croustilles
Et partir en vrille

Du centre de la montagne
Le gang des glaçons
Se castagne
Sans perdre leurs hameçons

Trois préjugés
Deux surjugés
C'est dans les prés
Qu'on se sent interpelés

Bon anniversaire, Jack !
Dessine-moi un yak
Et je te dirai
Que tu n'es pas slack !

Jackson

Comme un babouin
Qui aime les lambins
On collectionne les grains
Qui font des humains

En sautant dans le cas
On mange des cas spéciaux
C'est comme un festival de cycas
Qui dansent comme des orignaux

Le cratère a son sable
La mer a son sable
La lune a son sable
Mon poil a son sable

Bon anniversaire, Jackson !
Tu as la couronne
De toutes les personnes
Qui sont des Carcassonne !

Jacob

Dans la mesure
D'une enflure
Le pouce se lève
À la rencontre d'une lèvre

Un cadran
Sans parent
Sonnait le moment
De crier des croissants

Le sel sur la table
J'élève une étable
Afin de mieux réussir
Mon talon sans pourrir

Bon anniversaire, Jacob !
Je te souhaite une bonne daube
Fraîche sortie du barbecue
Tu en seras convaincu !

Jacques

On est en mai
Ça rime avec Lemay
On ne sait quoi en penser
Avec les gags survolés

En vissant des implants
Il se démarque comme un insolent
Le pouce en l'air
On câline un ours polaire

Bonhomme de neige beige
Dans le centre d'une pêche
C'est comme un fanoir
Rempli d'espoir

Bon anniversaire, Jacques !
Je te souhaite un jaque
Pour faire parler les plaques
Et faire frissonner les paranoïaques !

Jade

Comme un silex
Qui laisse perplexe
On collectionne les dièses
Comme des adipogenèses

Le blanc du blanc
Le noir du noir
L'orange de l'orange
Le vert du verre

Mille et une façons
Mille et deux raisons
Quand on est sous caution
On visite des hameçons

Bon anniversaire, Jade !
Tous les fouineurs
Dans les stats
Hurlent en ton honneur !

James

En se dilatant
Le cerf est blanc
Comme un air de dent
À fond les gens

Un arbre sur la colline
Dansait avec Pauline
Main dans la main
Tôt le matin

Le proverbe disait
Je suis abstrait
Tel un cornet
Sans crème à l'engrais

Bon anniversaire, James !
En visitant la Baie-James
Je n'arrive pas à croire
Que c'est à toi sans le vouloir !

Jany

Regarde mon psaume
Via le delta de ton royaume
Tends ta paume
Et récolte mon empaume

L'être qui le consomme
Est une consonne
Preuve de subsistance
C'est une girafe en transe

Les alouettes chantaient
De vieux succès
Pendant que les pandas dansaient
Avec leurs cousins polonais

Bon anniversaire, Jany !
Même si nous sommes mardi
On ne peut nier qu'aujourd'hui
C'est comme si nous étions des jennys !

Jasmin

Qui es-tu ?
D'où viens-tu ?
Comment es-tu ?
Est-ce que tu ?

L'autobus plein de gérants
Ressemblant à un servant
Qui transporte les parents
De l'avenir présent

Se revoir
Au couloir
La poudre
À coudre

Bon anniversaire, Jasmin !
Utilise ton aiguisoir de marin
Pour pratiquer un sport souterrain
Et faire un élevage urbain !

Jasmine

Pour faire autrement
Comme dans le temps
Apporter un ravioli
En guise de collation au lit

Le printemps à nos portes
Dauphin à la porte
Secret de marmotte
Ma botte qui gigote

C'est au loin
En te disant de prendre soin
De la canne de banane en sirop
Que je t'écris ces mots

Bon anniversaire, Jasmine !
Sans devenir adepte
De bâton de dopamine
Prends soin de ton sceptre !

Jason

Chaussure ratatinée
Pas de peur des araignées
On le voit quand il passe
Perdu dans l'espace

Tempête de neige
C'est un sortilège
Dans son coin, il médite
Que le temps passe vite

Un geste devant l'autre
Sans aucun apôtre
Il ne faut pas l'ignorer
Zaché est perché

Bon anniversaire, Jason !
Afin qu'on se bidonne
Je change la fin du poème
Pour mettre le mot zinzin !

Jayden

Poivrons en carton
Huile en argile
Sabre en arbre
Patate qui dilate

Dans le confort de mon fauteuil
Je regarde un écureuil
Dans le but d'être caché
Comme le serait du poulet panné

Saut à la corde
Sauter la corde
Allez de l'autre côté
Contourner du pâté

Bon anniversaire, Jayden !
En tant que bon citoyen
Je te souhaite une éolienne
Pour t'aider à combattre des magiciennes !

Jean

C'est hier
Les mystères
Qu'on verra demain
Partir en vain

Le soleil
Sans partiel
Élimination des dunes
Au clair de lune

Les bornes
Cachées derrière un ninas
Utopie d'ananas
Méfait de licorne

Bon anniversaire, Jean !
C'est assez prenant
De te voir grandissant
Au fil du temps !

Jean-Baptiste

Vers les brebis
Un arbre gémi
Sous la route
Qui s'encroute

Les cieux
Sont merveilleux
Lorsqu'on est envieux
De notre petit creux

Les tornades
De limonades
Un accord de guimbarde
Souffle sur un barde

Bon anniversaire, Jean-Baptiste !
En tant que bassiste
D'un ancien groupe fataliste
Tu mérites d'être pragmatiste !

Jean-Christophe

L'autobus
Des minibus
Sur la route Prusse
Transportait des arbustes

Eau indigo
Feu creux
Air polaire
Terre stellaire

Les années 80
La flexibilité des poulains
La loi des écrivains
Une semaine chaque matin

Bon anniversaire, Jean-Christophe !
C'est simple comme une étoffe
Je te souhaite plein de strophes
Pour une année très eutrophe !

Jean-Claude

Le brevet
Qui s'en allait
Vers la vache à lait
Pour un grand-père laid

Rien de plus sobre
Que de tenir sur un globe
Qui n'appartient qu'à un ignoble
Petit refrain qui nous gobe

La présence d'un laminoir
Lorsqu'il fait noir
N'a autre que le soir
Pour souhaiter sa victoire

Bon anniversaire, Jean-Claude !
Tout comme une émeraude
Sans fraude
Je te souhaite plein de baguenaudes !

Jean-François

Dans la forêt
Connaitre des raies
Les fleurs des partiels
Un ver pas vert

Rien qu'en chantant
On rencontre un rayonnement
Sur le dessus d'un banc
Avec notre ami l'éléphant

Huile d'olive
Huile de salive
Sauce soya
Sauce de yoga

Bon anniversaire, Jean-François !
Bien que tu sois
Franc et doux comme la soie
Je te souhaite des chinchillas alpicois !

Jean-Philippe

Le cheval
Chevauche un chacal
Rien qu'en y pensant
Il trouve ça plaisant

L'armée d'araignées
Qui te laisse imprégner
De sentiments dénigrés
Du dessus de ta cornée

L'aspirateur veut s'ouvrir
Laisser sortir les souvenirs
Sans vouloir souffrir
En voyant son âme murir

Bon anniversaire, Jean-Philippe !
Prompt rétablissement de ta grippe
Soigne bien ta lippe
Réchauffe-toi dans les nippes !

Jean-Pierre

Comme un dalmatien
Qui a un mal de chien
En regardant son emprise
Loin dans sa chemise

Regard fier
Collectionneur d'équerres
Meneur d'antiquaires
Regarde en arrière

Les poissons
Sont ronds
Les canetons
Sont bons

Bon anniversaire, Jean-Pierre !
En tant que membre de la biosphère
Tu surpasses les frontières
À la recherche d'air !

Jean-Sébastien

C'est en riant
Qu'on devient friand
Face à la chimère
Qui nous serre

En avançant
En pensant
En riant
On est vivants

Le cèdre malade
La tuberculose arabe
On côtoie des putois
Qui se sentent rois

Bon anniversaire, Jean-Sébastien !
Accroche-toi bien
Monte sur le chien
On va voir les domitiens !

Jeanne

En forêt
Sans raquette
C'est loin
Chercher une palette

La persistance des nachos
Et de la musique mento
Réside en soi
Et en toi

Aujourd'hui tu es l'avocate
De tous les suricates
Qui ne voudront pas offrir d'orthosilicate
À toutes les candidates

Bon anniversaire, Jeanne !
Comme un iguane
Je te souhaite du cellophane
Pour ton élevage d'épouvantails !

Jeff

C'est le temps des fleurs
Autant que des primeurs
À l'arrivée des lunes
On croque des prunes

L'être frisquet
Sous ses baskets
Allongeait son âme
Dans la bulle d'un âne

L'écureuil de glace
Espionnait sa place
Il se voyait
Dans un banquet

Bon anniversaire, Jeff !
Nul besoin d'une xénogreffe
Pour t'écrire ce poème
Qui est sans dilemme !

Jeffrey

Bref dans le rang
Loin dans le temps
Proche de son champ
Précis dans son dedans

Une pirouette
Une cacahouète
La position à l'affut
On en mange de la laitue

Un chameau dans la peau
Un poème dans le coco
Brillante idée de regarder
Un babouin se laver

Verre et huitre

Bon anniversaire, Jeffrey !
Sortons, commençons à chiffrer
La distance des balafrés
Qui vont te décoffrer !

Jennifer

Les gants lui disaient
De ne pas distiller de craies
Le pouvoir entre les mains
Il se réveille un lendemain

Comme dans un catalogue
On voir des entrepreneurs en rogne
Qui se la pognent
Entre deux catalognes

Comme une moto
Au sein d'un bateau
Qui roule sur l'eau
Autour du coco

Bon anniversaire, Jennifer !
Souhaite-toi bien des REER
Afin de crier sur l'étagère
Que tu es maitre de ton ère !

Jenny

Sans carquois
On est des rois
Sans fusée
On est rusés

L'heure de la tourbe
Le temps qui courbe
L'ADN de notre âme
Le cri d'un âne

Écrire avec un clavier
Pétrir avec un damier
Soleil souffrant
Avenir gratifiant

Bon anniversaire, Jenny !
C'est à dos de décennie
Volant vers des spaghettis
Que je ne te souhaite aucune pandémie !

Jérémy

Crise dans la prise
Brise permise
Œil de blé
Papier sablé

Catégorie de riz
Gélatine qui frémit
Loin de notre abri
On est des labrits

Regarde un cockatiel
Dis-toi que c'est exceptionnel
Le stress d'un homoncule
Qui frise un cactus

Bon anniversaire, Jérémy !
C'est loin du lit
Que tu fêteras toute la nuit
Avec tous tes amis !

Jérôme

La couverture de l'ouverture
L'antre de la certitude
Une girafe perspicace
Un arbre qui grimace

Loin dans les prés
On adore le panné
Cercle de résistance
Âme de persistance

Un lutin plein de dédain
Rejoint des daims
Regard fier
Comme de la pierre

Bon anniversaire, Jérôme !
C'est comme si tu étais Tom
Donc Jertom
Ton nom de pomme !

Jessica

Dans le pain
Jamais rien
Comme un serin
Tôt chez Martin

Une pieuvre
Qui fait ses preuves
Supposée rimer
Comme un sac de dés

Le pouvoir magique
Des serviettes ingénieuses
Dans le pétrin
Comme un souverain

Bon anniversaire, Jessica !
Tel un spica
Je te souhaite une momordica
Afin de poursuivre ton rêve à la Clarica !

Jessie

Robert le dictionnaire
La rousse actionnaire
Pieuvres qui peuvent
Pluie de preuves

Clavier tibétain
Téléphone en étain
Les maux de barbeaux
Ciel de Pablo

Espace et moment
Instant et partant
Feutre de bobinoir
Qui sert d'entonnoir

Bon anniversaire, Jessie !
Aujourd'hui personne ne le nie
C'est le temps d'ignorer la pluie
Et de s'aventurer comme des colis !

Jésus

Sous le drap
Vivant comme un rat
Se cache un androgène
Qui adore le collagène

Grandiose et drastique
Saut à l'élastique
Puissance de la connaissance
Avancer tous les soirs

Buisson dodu
Reconnaitre un mordu
Page 343
Comme le ferait un roi

Bon anniversaire, Jésus !
Comme un rhésus
Tu peux prendre le tissu
Qui marquera les processus !

Jimmy

Un, deux ou trois, c'est un départ !
Cachons nos épars
Dans une nappe
Pour faire disparaitre les jappes

Il ne faut pas se juger
Car on est des minnesingers
Dans nos cœurs d'un haflinger
On aime mouler des vlogueurs

Coude à coude
On frôle la foudre
Pour crier haut et fort
Qu'on n'est pas des hoverports

Bon anniversaire, Jimmy !
Aujourd'hui, promène-toi à dos de sirli
Amuse-toi avec ce qui te lie
Deviens maitre de ton lit !

Joanie

Ma limace
Fais des grimaces
À un vieux rival
Qui se sent lamentable

Le bouc
Qui se boucle
Sur un saros
D'escargot

Luminosité des lampadaires
Éblouissement extraordinaire
Les scélérats en fuite
S'associent aux truites

Bon anniversaire, Joanie !
En ce jeudi
Sers-toi un ami
Qui absorbe le phi !

Joël

Peine de bois
Brutal envers des noix
Connaissance de choix
Chemin du roi

Pavé de l'été
Circulation jouée
Lance la tanière
Tremblement de pères

Nuage de plage
Rien sans pelage
Orteil de merveille
Qu'à cela ne tienne

Bon anniversaire, Joël
C'est avec le sensoriel
Qu'on devient des sentinelles
Pour traverser le ciel !

Joey

Papillon qui se rase
Crouton et sa passe
Soleil levant
Carquois perdant

L'as de la noyade
Poissons de Sainte-Anne-de-la-Pérade
Clin de pantins
Sculpteur de chiens

L'alphabet des muets
Le chant des criquets
Œil dans l'épagneul
Saut dans Argenteuil

Bon anniversaire, Joey !
Je te l'apprendrai
Comment jouer un ré
Sur une flute palmée !

Johanne

Dans le déploiement
Sous le régiment
Il y a Yvan
Qui compte ses dents

Un air coquin
Tel un requin
On cultive des sapins
Pour se louer des reins

L'herbe est turquoise
Comme une sournoise
C'est un manège
De chanter avec des chorèges

Bon anniversaire, Johanne !
Si cette journée ricane
C'est que tu es comme une manne
Envoyée pour nourrir la joie qui m'émane

John

Ça sent la pâte à dents
Entre tes parents
Comme si tu étais un trident
Qui cultive du néant

La position du malus
Et l'âme du cactus
Reflètent dans tes yeux
Comme dans ceux d'un dieu

Je siffle ton nom
Et regarde ton menton
Être de la bonté
Tu me fais penser à un canapé

Bon anniversaire, John !
N'oublie pas tu détonnes
Quand tu embrasseras l'épouvantail
Qui te rapporte au bercail !

Jonathan

Le moulin à foin
Le chien à son maringouin
Bol de grains
On zyeute des malsains

Ligne maligne
Fatigue à la Rodrigue
César le canard
Fleurs de tartare

Pousse la mousse
Mousse la tousse
Rire dans une canne
Siffler une vanne

C'est à travers le temps
Que je te dis, bon anniversaire, Jonathan !
Je te souhaite des druides !
Pour boire des ribonucléoprotéines !

Jordan

Ouin, c'est loin
Poing américain
Regain de poulain
Veille de forain

Soir de mercredi
Regard de baladi
Reconnaitre un lit
Du côté des fourmis

Odeur d'immobilier
Dans mon panier
Humecter un sac
Sur le dessus d'un lac

Bon anniversaire, Jordan !
Sans être président
De l'occident
Tu marques les adents !

Josée

Ne te cache pas
Je vois tes bras
Ils dépassent du cabanon
Qui est caché derrière ton camion

Sans sauterelle
Tu ne peux utiliser de pelle
Qui cueille des appareils
Capables de multiplier le ciel

Œil vert
Œil pervers
Je sens un astre dans un train
Je suis comme un divan pèlerin

Bon anniversaire, Josée !
Sort dans l'allée
Mets-toi à broder
Et profite de ta soirée !

Joseph

Tu es là
Comme un koala
À frimer sur ta branche
La force de ton étanche

Les yeux rugueux
Tu sables des pouilleux
Pour te faire vieux
Et savonner les meuh meuh

Sandale bancale
Mot de balle
Scie d'amis
Lancer des impolis

Bon anniversaire, Joseph !
Pas nécessaire d'avoir une poly greffe
Encore moins de greffes
Pour faire un porte-greffe !

Joshua

Le pommier
Pompier
Travaillait fort
Pour son confort

Diamant de pan
Comme son amant
Œil du blasphème
Ignorance du barème

L'humeur de son cœur
Rien ne lui fait peur
C'est comme sa sœur
Qui lui donne une heure

Bon anniversaire, Joshua !
C'est en entrechats
Qu'on va visiter des poissons-chats
Pour faire des contrachats !

Josiane

Le campagnol
Ce magicien guignol
Sifflet des marais
Croyance du parfait

Feuille du sapin
Épine du bain
Lisse comme un caniche
Lèche comme une corniche

Hey, toi là-bas
Ne t'en fais pas
Je ne suis pas un éclat
Je suis un plat !

Bon anniversaire, Josiane !
Toi et tes lianes
Je vous écris ce poème
Sans dilemme !

Judith

Le cœur dans l'urbain
À la lueur du matin
Je flatte un rien
Ça me soutient

Rien à voir avec les trains
Tchou Tchou
Comme le disaient les parrains
Tchou Tchou

Droit devant à moins encore
Passage secret en chemin
Rime du vilebrequin
Le cirque marche sur ses mains

Bon anniversaire, Judith !
Supposément que c'est un mythe
De te souhaiter un carcajou
Qui saura t'apprendre à muscler tes joues !

Judy

C'est le moment
De grand-maman
Elle fait de la soupe
Avec une soucoupe

Le parapluie
S'autonuit
Quand il achète son permis
De chasse de maladies

Trente-deux
Et un air vieux
Tel un castor
Qui a des remords

Bon anniversaire, Judy !
En cet exceptionnel jeudi
On te fête
Car c'est vraiment ta fête !

Jules

La fenêtre
Pleine de champêtres
Pour cuisiner du gâteau sans bois
Puisque c'est ta journée de pré-bois

Sir Babillard
Chefs des milliards
Critiquait les grenouilles
Qui répartissent des quenouilles

Tentative de feu
Lorsqu'il pleut
Pouvoir sadique
Chant géographique

Bon anniversaire, Jules !
En cette journée sensationnelle
Je te souhaite un gros groenendael
Qui te dira des secrets du tael !

Julia

La lumière
De la rivière
Poison des canetons
Avirons en béton

Rien à voir
Avec l'abreuvoir
Sens de l'observation
Direction la récréation

Le blanc du papier peint
Le vide du biberon
Œil sans aspartame
Rime avec hippopotame

Bon anniversaire, Julia !
Vie dans l'immédiat
Comme le faisaient les pèlerins
Qui marchaient vers tes patins !

Julian

Noix de coco
Requin marteau
Regard au loin
Alpaga qui mange du foin

Rien de mieux
Qu'un pneu
Qui s'aime de son mieux
Comme une gang de vieux

Chêne enchainé
Brebis égarée
Fière de l'être
Fière des êtres

Bon anniversaire, Julian !
Comme un médian
Je t'invite à gagner
Un beau tablier !

Julianne

Sur la rue Matriarcale
Vivait un chacal
Sans famille ni amis
Il était soumis

Près de son foyer
Il dégustait des mariés
Loin d'être un radin
Il en offrait à son pantin

Un soir à la fois
Il chassait ses proies
Non pas pour les digérer
Mais pour les éduquer

C'est après cette histoire magique
Que je te dis « Bon anniversaire, Julianne ! »
C'est comme si tu étais une super héroïne
Qui adore détruire la famine !

Julie

Beurre de peanut
Sueur de marmotte
Tranche de pain
L'eau du bain

Quatorze lettres
Facteur de stress
Ampère du père
Joule de la moule

Format C:
Restore.
Bonhomme de neige
Connaissance en matière de beige

Bon anniversaire, Julie !
Comme pour jeudi
Tu auras l'âge du berlingot
Afin de jouer au bingo !

Julien

La brise du temps
Le passé du vent
Rien de bien surprenant
Quand on est marrant

Prendre le temps d'amener
Sagesse perpétuée
Dents de dentier
Langue de languiers

Tronc d'éléphant
Trompe de brillant
Ricaner dans un coin
S'admirer de loin

Bon anniversaire, Julien !
Tu es comme un magicien
Qui connait bien Lucien
Le gars qui dessine des dollars australiens !

Juliette

Trois escargots
Sur un escabeau
Un dit à celui qui est le plus haut
Limacerais-tu son dos ?

Toit de vanille
Patinoire de ville
Sommeil frustrant
Perte d'aberrant

L'aile sans plume
Sac à rhume
Apprendre à chanter
Siffler dans le grand pré

Bon anniversaire, Juliette !
Ne me demande pas la recette
Pour une assiette
Sans allumette !

Junior

Un poil roux
Un brochet-roue
Le trottoir magique
D'une tomate tragique

Le train vers le futur
Le bateau de la manucure
Une page mauve
Comme une roche pauvre

Chaine à huile
Patte de tuile
Miroir en savon
Palmiers que nous marions

Bon anniversaire, Junior !
Tu es maintenant sénior
Lorsque tu colores
Avec de l'or !

Justin

Identification d'un son
Savoir écouter un thon
Crier comme un canon
Sur le dessous d'un pont

Vol de canapé
Visionner un pré
Sauter
Sur un dé

Au centre de la piscine
Je fais la cuisine
Pour te faire un gâteau
Qui goute l'eau

Bon anniversaire, Justin !
C'est comme magique
De rencontrer un destin
Qui peut détruire le tragique !

Justine

Un caribou
À dos de hibou
Volant vers la boue
Pour extraire la broue

Recettes et manèges
Trapèze et liège
Chameau sans peau
Chimpanzé sans troupeau

Licorne et silex
Nuage perplexe
Iris sans malice
Gouvernement plein de caprices

Bon anniversaire, Justine !
Ne prends pas la guillotine
Je l'entends dans la nuit
En attendant les bleuets d'aujourd'hui !

Karim

Ouvre un ordinateur
Deviens un radiateur
Survole les ingénieurs
Deviens un cultivateur

Lueur d'avenir
L'oiseau sans pastille
Tout en devenir
Rien de pacotille

La force de l'être
Oisellent les prêtres
Unique et éternel
Comme une échelle

Bon anniversaire, Karim !
Il faut que ça rime !
Alors je te souhaite des dimes
Pour écrire ton histoire sublime !

Karine

Rien de mieux
Qu'un arbre piteux
Qui se transforme en épieu
Chez un marginal

Poire de catalogue
Comme un ivrogne
Serpent à essieux
Pouvoirs envieux

Boucle du cycle
Support à bicycle
Du dessus d'une tour
On câline des gours

Bon anniversaire, Karine !
Prends une tangerine
Oublie ce qui te chagrine
Et croque une sucrine !

Kassandra

Ben voyons
Ne me dis pas non
Ça ne se fait pas
Friser des rats

Non, non, non
Ce n'est pas bien
De piétiner des raisins
Sans Champlain

Rime de rien
On n'est pas rien
Ça sonne comme rien
Mais c'est tout sauf rien

Bon anniversaire, Kassandra !
Je contacte les médias
Pour une projection multimédia
Qui rendra honneur à ta plantation de chylocladias !

Kate

Au soleil levant
Au flambeau perdant
Rien en dedans
Tout dans le plan

Il n'y a que le son
Qui aime les bouchons
Comme le dirait un patron
C'est le temps du coton

Commencer à avancer
Pouvoir s'attarder
Commencer à s'impatienter
Face au passé

Bon anniversaire, Kate !
Parce que tu n'es pas Thérèse
Sinon j'aurais dit
Bon anniversaire, Thérèse !

Kathleen

Hey yo !
Ce n'est pas beau
De dire de gros mots
Comme quiproquo

Malgré tout
Je te pardonne
Parce que tu sais tout
Et tu n'es pas myrmidone

Épine du pin
Support à pain
Venir de loin
Fête du massepain

Bon anniversaire, Kathleen !
Quitte le spleen
En tirant le levier
Qui t'ouvre au monde entier !

Kathy

Corde de bois
Tondeuse nu-bas
Raquette de tibias
Échelle à petits pas

Quatre roues
Trois roues
Deux roues
Un roux

Nuage de terreur
Lampe qui pleure
Dalmatien déguisé
En chien

Bon anniversaire, Kathy !
C'est bien ce que tu lis !
Je te souhaite plein de paninis
Pour faire tout ce dont tu as envie !

Katrina

Comme un panda
Tu prônes les plats
Sans savoir pourquoi
Tu deviens loi

Feuille de cèdre
Épine d'érable
Ça sent le cidre
Dans le grenier de l'étable

Monter en bas
Descendre en bas
Tout le monde en bas
Pour s'épiler les bras

Bon anniversaire, Katrina !
Je te souhaite une visite à la marina
À dos de squatina
Pour admirer les alpagas !

Kayla

En cette journée
De macramé
On devient palmé
Pour mieux changer

Rien à l'ouest
Ni à l'est
On pointe le nord
Pour améliorer nos commodores

Sans savoir
On devient des entonnoirs
Pour accueillir des empenoirs
Qui vont nous redonner des grimoires

Bon anniversaire, Kayla !
Houla houla
Mais c'est septembre
Et on dort dans nos chambres !

Kelly

Comme un chameau
À chapeaux
On lance le flambeau
À des cocos

Le lion
Sent le pion
Comme un savon
Qui téléphone à Yvon

Les mitraillettes aiment pailleter
Comme les savons aiment les troncs
On peut donc s'en prendre un verre
Avant de sombrer à l'envers

Bon anniversaire, Kelly !
Même un vendredi
Je me dis que tu as le permis
D'être pleine de vie !

Kelly-Ann

Pied dans la marge
Sac à massages
Lumière profonde
Noirceur qui cofonde

Écorce de plantain
Croute de pin
Pelure d'humain
Peau de satin

Tiroir de la commode
Poussoir malcommode
Emprunter un panier
Le remplir de cœurs de palmier

Bon anniversaire, Kelly-Ann !
Je ne suis pas en panne
Quand je te souhaite une caouane
Pour gambader jusqu'à Villeurbanne !

Ken

C'est seulement à Rome
Qu'on a lancé des pommes
À des grenades
Pour créer la pomme grenade

Rond de cirque
Création du cercle
Lueur couchée sur une loupe
Création d'une chaloupe

Tant d'inventions en ce monde
Tant de créations de son monde
Il y a des connexions
Qui nous apportent réflexions

Bon anniversaire, Ken !
On est dans la moyenne
Pour que je termine ce poème
En te souhaitant l'amour que tu aimes !

Kevin

La troisième dimension
C'est ce qui compose nos mentons
J'en suis certain
Car je suis un tronc

Comme un congélateur de couleurs
Je renferme avec ferveur
Le secret des stupeurs
Un beau soulier superordinateur

Aujourd'hui
C'est une date feng shui
Car en sortant de ton lit
Tu verras ce qui a porté fruit

Le monde s'ouvre à toi
Comme pour un chamois
Tu recevras un appel au loin
Un message, un cri de babouin :

Bon anniversaire, Kevin !

Kim

Rien entre les dents
Sauf un petit perdant
Je suis un écureuil
Qui aime son œil

Roule la roue
Tourne la proue
Avance ton genou
On est des hiboux

Crier par en arrière
Survoler un mammifère
On ne sait pas quoi dire
Quand on vient de grandir

Bon anniversaire, Kim !
C'est vraiment sublime
Quand tu découvres des rimes
Qui sonnent bien avec lime !

Kimberly

Comme le grand singe
Qui se fait aller les méninges
Il cite du Mozart
Avec un lézard

On ne peut se souvenir des réceptacles
Qui ont accueilli les acétates
Les oies ont glissé en crescendo
Comme des crescendos en bateau

Lancer des confettis
Contacter des graffitis
Sauter en dansant
Regarder un éléphant

Bon anniversaire, Kimberly !
En ce moment tu es peut-être au lit
Mais je sais que tu lis
Ce qui t'est destiné sans pli !

Krystal

Maracas
Qui casse
Adrien
Ne fais rien

Poutre de poulpe
Patate à la loupe
Montagne d'or
Il fait beau dehors

Échelle d'église
Église à l'échelle
Produit croisé
Résultat biaisé

Bon anniversaire, Krystal !
Grâce à ton amour distal
Tu ne dois pas paniquer
Puisque c'est ta journée !

Kyle

Je me souviens
Le jour dû tient
Tu enlevais ton chapeau
Pour te transformer en chameau

L'astre vaincu
Une âme perdue
L'étoile de la gourmandise
Mangeait des friandises

Unicycle en chaleur
Trois skis en pleurs
Le soir tombe la pluie
Au moment où s'évapore l'ennui

Bon anniversaire, Kyle !
Le long de la Dyle
C'est la java dans ton lit
Je te souhaite des raviolis !

Lara

Le monsieur
Qui s'appelle Mathieu
Aimait marcher
Sur un plancher

Rien de mieux
Qu'un bon vieux
Pour raconter sa vie
Sous la pluie

Crème glacée
Ben gelée
Froid sur les dents
Comme une grand-maman

Bon anniversaire, Lara !
En visitant un caracara
Soit bien franche
Et tu croiseras une nouvelle branche !

Laura

Comme en aval
Ce qui n'est pas mal
Quand il va à la cathédrale
Pour rire du mot « anal »

Un pouvoir glacial
D'ampleur provinciale
S'abat sur un chacal
Qui n'a qu'envié un être spécial

Roche de tatou
Cèdre mou
Lueur de toutou
Tirer des genoux

Bon anniversaire, Laura !
Tu en auras
C'est écrit dans le progiciel
Que tu collectionnes les grœnendaels !

Laurence

C'est dans un appartement
Qu'on nettoie un vêtement
Si on suit les plans
On va digérer le chargement

Comme des lampions
Qui chantent à l'unisson
On aime les canetons
Qui aime les patrons

Un pas en arrière
Pour luire son derrière
Une étincelle dans le cœur
Pour devenir un rhume moqueur

Bon anniversaire, Laurence !
C'est avec les compétences
D'un être intense
Que je te souhaite des prépotences !

Laurent

Pas question
De manger des émotions
Qui avaient un message
Au passage

Deux appâts
Dans le plat
Et quatre raquettes
Sur la moquette

La mémoire t'appartient
Il le savait
Que tu te relèverais
Pour pointer les navets

Bon anniversaire, Laurent !
Je fais voler un cerf-volant
Pour souligner les harfangs
Qui s'exposent pour tes dents !

Laurianne

On me l'avait dit
Tu l'avais prédit
C'est ce samedi
Que ce sera jeudi

Rien n'embarque derrière
Gambader dans la clairière
Siffler des métiers
Ronfler des culottiers

Ricaner dans une canne
Rigoler sans panne
Pleurer des confettis
Et surtout des nombrils

Bon anniversaire, Laurianne !
C'est dans une cabane
Que je te souhaite des caravanes
Pour puiser près d'une manne !

Laurie

Programmer un combiné
Chantier de blé
Nager dans les prés
Sauter sur un mât de beaupré

Il m'arrive d'imaginer
Ce que serait un monde mouillé
Je regarde la Terre trembler
Sous l'effet des marées

Collectionner des barres
Confectionner des sabres
De lignes de mêmes longueurs
Pour être sûr de faire peur

Bon anniversaire, Laurie !
Profites-en à fond les ampères
Parce que c'est ta fête
Et que c'est vraiment super !

Layla

C'était l'hiver
Le soleil faisait fondre le thermomètre
La pluie continuait de plonger
Sur les plaines enneigées

Tous à la rescousse
Des nains de la brousse
Un poème au centième
Quatorze mots de théorèmes

Abreuvoir
Au revoir
Tambour
De bonjour

Bon anniversaire, Layla !
Accompagné des weigelas
Je te souhaite de gagner des prix
Aux concours des messies !

Léa

Peut-être semblable aux autres
Mais elle sera plus longue
Parce que tu sauras en profiter
Comme un cultivateur incliné

Extravagance du trident
Mal de dents
Ronfler dans un éléphant
Se mettre des gants

Lunette
D'allumette
Siffler le focus
Regarder un coccus

Bon anniversaire, Léa !
C'est le temps de crier
Alléluia !
Et gambader avec des créanciers !

Léanne

Loin de la catastrophe
En bricolant des strophes
On s'aperçoit qu'il est trop tard
Pour faire exploser des pénards

L'herbe qui fait l'objet d'une enquête
L'herbe sur ta tête
Couchée dans l'herbe
Soleil et arc-en-ciel

L'herbe de la conquête
Ils s'apprêtent à se marier
On place le damier
Pour l'entendre pétiller

Bon anniversaire, Léanne !
Je te souhaite une cabane
Pleine de caravanes
Pour fêter comme de la glucosanne !

Léo

Rien de parti
Sauf un parti
Danse sous la pluie
Sentir un crédit

Comme un parasol
Qui survole le sol
On aime bien Paul
Et son bol

Rien dans les dents
Tout sur l'implant
Les yeux de géant
Et un neveu de titan

Bon anniversaire, Léo !
Ô que c'est chaud
Avec un marteau chaud
Pas seulement avec un manteau !

Léon

Orange baguel
Comme un chien beagle
Le citoyen averti
L'avait prédit

Un arbre tombe dans la forêt
Sur un autre arbre de furet
L'heure est à la soupe
Buvons dans la coupe

Connaitre et reconnaitre
Passoire champêtre
Siffler du beurre
Citer la peur

Bon anniversaire, Léon !
C'est nous qui plongeons
À la lueur des néons
Pour t'apporter un esturgeon !

Léonard

Sous l'aile bleue
D'un macareux
Se dresse
Une tresse

Il n'a pas tort
Quand on le tord
Odeur de cannelle
Rien sous les aisselles

Pouvoir de glace
Rester en place
Des aveux dégueu
Sauve qui peut

C'est en public
Que je t'indique
Bon anniversaire, Léonard !
Cher fondateur du denar

Léonie

Rien qu'à partir
D'un élixir
On peut se ravir
D'avoir un avenir de satire

La roche
Sous la poche
Semblait être de la sloche
Et un truc qui rime avec « oche »

Sur un bateau
Se tenait un cadeau
C'était très beau
C'était un jottereau

Bon anniversaire, Léonie !
Comme dans toutes colonies
Je te souhaite une grosse caouane
Et la journée sera parfaite !

Liam

Rien de plus
J'espère que ça t'a plu
Que l'aigle perde ses plumes
Sous une enclume

Bref de rage
Donc de sage
Alors d'un page
Enfin un gage

Ballon bleu
Terrasse sans pieu
Gonfler en rigoureux
Exposer des patenteux

Bon anniversaire, Liam !
En l'honneur du Siam
C'est fantastique d'être aussi harmonique
Avec des terres éradiquées !

Lily

Tôt dans le couloir
Rien dans le tiroir
Étendu sur une chenille
On se foule la cheville

La lumière repentie
Celle d'une garantie
Bien que pressentie
On l'aime rôtie

Les couleurs du terroir
Face au miroir
Voix de rivoir
Face de paroir

Bon anniversaire, Lily !
C'est sur un trottoir humilié
Fièrement dans les voiles
Que je te souhaite une journée d'étoile !

Lina

Le visage présidentiel
L'orteil dans le caramel
Rien d'assez important
Pour se sentir imposant

Les bretelles
De M. Morel
Claquent un être éternel
En plein dans le paternel

L'âne qui joue dans ma morgue
Le sieur qui aime son psychologue
Piquer comme un tisonnier
Ressusciter sur un jardinier

Bon anniversaire, Lina !
La fin du poème sera fana
Pour te souhaiter des échantillons de sève
Parce que tu sais comment on les élève !

Linda

Tel un vaisseau spatial
Piloté par un cannibale
Qui aime l'art oriental
On capture en aval

La montagne de fer
Gloire au coiffeur
Empreinte de père
Gout de la mer

Un avatar
Qui s'endort tard
Sans aucun vide
Afin de flirter avec les barniques !

Bon anniversaire, Linda !
C'est avec mon almanach
Que je te souhaite un portrait en marbre
Bien que tu sois un arbre !

Lionel

Pas formel
Dans la poubelle
C'est une bonne chose
Parce qu'on ose

Loin du cactus
On espionne Markus
Ce père de trois épées
Qui ont voulu le voler

Je vais faire une rime avec pitaya
Parce que je suis un Maya
Souper dans un comté
Déjeuner sur un canapé

Bon anniversaire, Lionel !
Ces écrits circonstanciels
Sur les mamelles
Du Dr Lieutenant-Colonel !

Lisa

Un camion
De savon
Sur un pont
Fait en rond

Pommier
À marier
Caniche
À potiche

Monter sur un serval
Insulter un canal
Casser des briques
Insulter des fabriques

Bon anniversaire, Lisa !
Je te souhaite plein de chocolat
Pour mettre dans tes bas
Et t'envoler vers des tubas !

Livia

Tôt en fin de soirée
Tard en début de matinée
J'écris ces lignes
Sous les ailes d'un cygne

Avoir la permission de tousser
Se forcer à pousser
On ne peut se casser
Qu'après s'être ramassé

L'astre lumineux
Cet être fabuleux
Permettait qu'on soit mieux
En savonnant des mafieux

Bon anniversaire, Livia !
En te souhaitant une bonne journée sans Olivia
Afin de faire le tour du monde en roulotte
Avec tes amis, les marmottes !

Logan

Lors d'un catalogue
Un avion toujours
Telle une rampe
Un rêve de cuillère

L'arbitre de la marmite
L'Alphonse sans réponse
Pieuvre sans preuve
Locataire sans terre

Crier sous un panier
Comme le ferait un marié
Pâlir un tapir
Rire du pire

Bon anniversaire, Logan !
Je te souhaite d'éloigner une korrigane
Parce que c'est un rutabaga
Et que c'est sans gras !

Loïc

Mon barbeau est mauve
Comme mon âme est chauve
Si un poulet te le disait
Il est un objet que l'on tissait

Il ne faut pas pleurer
Ne sois pas épeuré
Par celui qui a cédé
À son ami décédé

Bien que super
Super qui désespère
Un duvet de palet
Un carnet de navet

Bon anniversaire, Loïc !
Tel un fromage qui fait couic couic
Je te souhaite de plastifier
Plein de coussins lénifiés !

Lou

La salutation lunaire
La manutention capillaire
L'as du paquet
Pas de carnet

Les billes
Sur les filles
Les bélougas
Sous les gars

Yep yep yep
Pep pep pep
Ouin ouin
Coin coin coin

Bon anniversaire, Lou !
En chantant cœur de loup
On nous prend pour des fous
Ça permet de s'identifier entre nous !

Louis

À l'homme de la situation
Tu attires notre attention
Sans répercussion
Nous capturons des canetons

En criant du bas dans les airs
Comme un ours polaire
On danse sur des pommes
Comme si on était à Rome

Un lama en désaccord
Les constellations du tableau de bord
L'escarmouche
Qui le touche

Bon anniversaire, Louis !
On se réjouit
À l'idée d'être enfoui
Dans l'océan des épanouis !

Louis-Philippe

Rien de pesant
Tout en songeant
C'est si pesant
Un éléphant

L'art de la brique
Poème sadique
Clavier visuel
Mortier de salmonelle

C'est le temps de danser
Comme des chimpanzés
C'est un jeu de dames
Comme le jeu d'hippopotames

Bon anniversaire, Louis-Philippe !
On sait que tu es un bon type
Quand tu te révoltes envers les tulipes
Pour que tout le monde tripe !

Louise

Ça ne sert à rien
De faire le plein
Quand on est déjà débordant
De trucs surprenants

Rien à voir avec la salsa
Ni avec une sassa
Le pouvoir suprême
Vient avec de la crème

Sur le toit
Des chamois
On s'identifie à toi
Comme on le ferait pour soi

Bon anniversaire, Louise !
Pauvre en mouise
Tu seras fêtée en ces lieux
Pas nécessaire d'apporter ton bloc-essieu !

Luc

À l'extrémité d'un quai
Tout est okay
On l'avait inspecté
Avec Roger

Loin dans le foin
On s'amuse moins
Car ça nous pique
Sous les barniques

Le fleuve

Savoir capituler
Et continuer
Savoir s'affranchir
Pour mieux s'enrichir

Bon anniversaire, Luc !
L'asperge t'éduque
Mais pas les panthères
Sans matière !

Lucas

Le party est pogné
Comme chez l'arrière-pépé
On ne fait que répéter
Les restants de pâtés

Suffit d'y penser
Suffisait d'y songer
Suffira d'y croire
Souffrir et accroitre

Tant de temps
Temps de tant
L'aviateur
Sans stupeur

Bon anniversaire, Lucas !
C'est sans cas
Que j'écris ce poème
Sans être bohème !

Lucie

Hier on parlait
En anglais
On s'était pointé
Sur l'heure du souper

On voulait l'ignorer
On voulait l'interroger
On l'a donc dérogé
En ignorant le drogué

La roche de pierre
La galère de sable
L'eau humide
L'air sans aire

Bon anniversaire, Lucie !
Nous sommes séduits
De m'administrer un antidote
Contre ce que je radote !

Lucien

Rien de neuf
Sous un œuf
Rien de pauvre
Sous une œuvre

C'est en tremblant
Sur le mont Tremblant
Qu'on souhaite un bain
Sous-marin

Le cordonnier du sud
La croustille des Bermudes
Quatorze en lettres
Une rime à mettre

Bon anniversaire, Lucien !
Je contacte les techniciens
Afin de guérir les solutions
Avec beaucoup de préparations !

Ludovic

Un zèbre imberbe
Une antilope sans oreille
Un sable infortuné
Une corniche sans niche

Le verre à Paul
Le gisement de gossypol
Une plante grimpante
Au sein d'une charpente

Élucider un mystère
Faire appel au ministère
Un ongle à oncle
Lécher des pétoncles

Bon anniversaire, Ludovic !
Prends en note l'heure civique
Festoyons dans le savon
Comme le ferait un avion !

Lydia

La lueur
Sur la splendeur
L'arbre à légume
Conduit ses agrumes

Comme une cabane
Dans les profondeurs de la savane
On planifie une sortie
Avec de grands apprentis

Au clair de la prune
On chuchote à des dunes
Pour se féliciter
D'être si appréciés

Bon anniversaire, Lydia !
Et non Claudia
Puisque ce n'est pas ton prénom
Et que je ne trouve pas d'autre rime avec ce nom !

Madeleine

Tôt dans le foyer
Tard pour l'ainé
Je suspecte un palmier
Sans identifier un fumier

La grimpante
Sous la rampante
S'étale le papillon
Entendre un avion

Le décès d'un abcès
Vivre et survivre
Suivre pour détruire
S'éloigner pour nager

Bon anniversaire, Madeleine !
Ta joie sera certaine
Avec l'air des plaines
Direct dans les veines !

Madison

Plonger dans l'innocence
Sectionner de l'essence
Se réjouir avec violence
D'un gardien sans référence

Ton père le savait
Comme le marais
On ne peut vendre de raie
À un gros épais

L'alphabet coriace
Mordait des limaces
Impossible de prévoir
Ce qui se cache dans le comptoir

Bon anniversaire, Madison !
Lorsque les cloches sonnent
Je te suggère de nous surprendre
Pour contrer les misandres !

Maël

En cette dernière journée
De l'année
Je ne peux m'empêcher
De visualiser le gravier

Rien à voir
Avec le trottoir
Quand on le sait
On se reconnait

La gourmandise
Péché qui se maitrise
En un simple tour de main
Qui fait mal en chien

Bon anniversaire, Maël !
C'est le temps de faire équipe
Avec ses obélies
Et d'éblouir la ripe !

Maëlie

Le bleu
Marécageux
Soigne un lépreux
Pour les envieux

Un coussin
D'oursins
Rite en canne
Rite des caravanes

Vers satiriques
Pluie de briques
Pousser un festival
Avec des pédales

Bon anniversaire, Maëlie !
Ce n'est pas un délit
D'être au sommet
D'un cornet !

Magalie

Rien ne me dit
Qu'on est samedi
Parce qu'on est dimanche
Sans avoir de manches

La piscine
Contre la médecine
Flamboyant qui se fascine
Rustique comme une capucine

Lancer des étagères
Par terre
Sur la Terre
Coup de tonnerre

Bon anniversaire, Magalie !
Ne risque pas une hépatomégalie
Ni une cardiomégalie
Puisque tu as déjà une cardiomégalie !

Maggie

Le sommet de la montagne
Le bas de l'Allemagne
Le centre de Charlemagne
Le contour de la Bretagne

Simple
Et efficace
Souple
Avec audace

Rein doré
Sur les deux côtés
Rein farci
Sur un poisson-scie

Bon anniversaire, Maggie !
Pas obligée d'être languie
Comme les mirabelliers
Comme on peut le souhaiter !

Maïka

C'est vendredi !
Ha ! Tout est donc permis !
Apporte ton salami
Tu as le droit de le lancer sur des mamies !

Lièvre de feu
Tortue de glace
Sauve qui peut
Vers la bonne place

Pleurer en panne
Fâcher en gitane
S'amuser dans la savane
Indifférent sans sarbacane

Bon anniversaire, Maïka !
En cette journée d'atacas
Tout le négatif de ton être
Te fera devenir un heptamètre !

Malik

Tirage de domino
Lettrage de Cabano
Huitre sans saveur
Espoir et stupeur

Foyer de cheminée
Encre à laver
On passe à autre chose
En espérant un gain de cause

Poteau de téléphone
Couteau de trombone
Reculer sur un calepin
Découvrir que c'était orphelin

Bon anniversaire, Malik !
Ne sois pas aboulique
Parce que la force antiéconomique
Te rendra astrophotographique !

Manon

Érable à la pastille
Nuage qui brille
Savon de pacotille
Jouer aux billes

Des souliers
Sans costumier
Des bottes
Sans motte

Câblage électrique
Voiture de germanique
Lancer au loin
Un pingouin

Bon anniversaire, Manon !
On te donne le pardon
Sans aucun vide
Afin d'espionner les barniques !

Manuel

C'est bien surprenant
Lorsqu'on apprend
Qu'on est à un encan
Et que tu es prenant

Ce qui s'offre à toi
N'est pas de moi
C'est ce qui réunit la foi
Et qui nous met dans nos émois

Braves sont ceux
Qui désirent les pieux
Loin de leurs cheveux
Afin d'y déposer des pneus

Bon anniversaire, Manuel !
Sors tes aisselles
Lève les bras au ciel
Transforme-toi en hirondelle !

Marc

Comme un talisman
Qui fait ses plans
Pour construire un cerf-volant
De combat délirant

Un œil
En deuil
Sourit
À ce qui suit

Hey hey hey
Wo wo wo
Yeah yeah yeah
Baroque

Bon anniversaire, Marc !
Tiens bien ton arc
On part à la chasse
Sur le territoire de Bellechasse !

Marc-André

C'est dans une guilde
Qu'on retrouve Bathilde
Le gars du barbecue
Qui attend Kyu

Trompette
Et savonnette
Mixette
Avec des lunettes

Sauter dans un pommier
Plonger sur un rocher
Aujourd'hui, c'est fini
Je mets tout ça dans l'infini

Bon anniversaire, Marc-André !
Grâce à ton encadré
Je te souhaite de recevoir un beau polo
Bien écolo !

Marc-Antoine

C'est des jours en retard
Que je m'assoie dans le soir
Pour t'avertir d'un évènement
Qui ne dépasse pas le bâtiment

Une baleine rose
Qui prend la pose
Pour un cèdre vieux
Qui se sent mieux

Bloc-notes à la main
Je découvre un terrain
Connecté à un pré
Nous dansons dans un nez

Bon anniversaire, Marc-Antoine !
Tel un guerrier moine
Je te souhaite une journée sans douane
Afin d'y bénir les rituels de Natashquan !

Marc-Olivier

Bonsoir
On voit les poires
C'est à la date butoir
Qu'on remarque les fermoirs

Bref et rapide
Tel un candide
Il tombe sous la pluie
Un espoir qui fuit

Se lever au soleil
Pointer une corneille
Il est temps
De faire des enfants

Bon anniversaire, Marc-Olivier !
Je te souhaite des leviers
En or
Pour te faire un fort !

Marcel

La roulette
De la mouette
Sentait la couette
De la frisette

Ballon de plage
Albert le sage
Il tourne la page
Avec son attelage

Tel le destrier
Du brigadier
Qui adorait cogner
Sans brailler

Bon anniversaire, Marcel !
À la lueur d'un carcel
Je te souhaite
De frimer devant une retraite !

Marco

Pas de dent
Pour le serpent
Qui aimait ses jardiniers
Dans l'espace d'un panier

En criant tout fort
Sans réconfort
La lueur d'un espoir
On calcule des baignoires

Œil sur le cactus
On fait des infarctus
En pensant à Markus
Qui danse avec ses sinus

Bon anniversaire, Marco !
Cher chaos
De cocorico,
De Monaco !

Marcus

Toi à qui c'est l'anniversaire
Sache que tu sais nous plaire
Toi qui as les palettes
Des couleurs de Ginette

Le sable sur l'oreille
Ma grand-mère sur l'orteil
Une brise d'altitude
Brise la solitude

Spectres de sportifs
Hantés par les émotifs
Maison sur la rue
Rue qui mue

Bon anniversaire, Marcus !
Ce n'est pas mordicus
De faire un blocus
Car aujourd'hui, tu as le focus !

Marguerite

Cheval bleu
Sagesse d'émeu
Fromage de beaux lieux
Un hibou très vieux

Citrouille sans nouille
Ratatouille qui s'embrouille
Crier sur un boguey
En jouant au hockey

Un nuage de perle
Sur une pelle
Rien de mieux
Qu'un siège de pieux

Bon anniversaire, Marguerite !
On va en faire un rite
Parce que tu le mérites
Puisque tu es émérite !

Maria

Telle une rôtissoire
Dans une passoire
On est dans le noir
À compter des tamanoirs

Il nous l'avait dit
On l'avait prédit
Seule dans ses amis,
À posséder une brebis

Quatorze et cinq cèdres
Trente-et-un polyèdres
Réguliers ou non
On demandera à ton compagnon

Bon anniversaire, Maria !
C'est sous l'œil d'une pizzéria
Qu'on procèdera au concours
Pour gagner du velours !

Marianne

Tu as mis ta tuque
Tu as mis tes gants
Tu as mis tes combines
Tu as mis de l'origami

Afin de succomber à la folie
Qui prendra place la nuit
Les jours de pleine lune
Tu te transformeras en prune

Le regard sur la tanière
Collectionneuses de brassières
Sans attachement
À une vieille grand-maman

Bon anniversaire, Marianne !
C'est en jouant de l'osane
Que je te souhaite
Plein de cacahouètes !

Marie

Cafard magique
Qui fait des gamiques
Avec des princes civiques
Sous de grosses barniques

Photo de soi
Peinture de toi
Plastique de chat
Fer d'émoi

Cil de cheval
Prose de cannibales
Point à la ligne
Être maligne

Bon anniversaire, Marie !
Dans un bouillon de safari
Une pincée de cari
Un gâteau de Paris !

Marie-Andrée

Loin dans la torpeur
On n'a pas peur
De ce qui se trouve
Sur le dos de la louve

Reine de la poigne
Adepte de champagne
Loi de la compagne
Brin de campagne

Le chaudron maudit
Nous l'avait prédit
C'est officiel
Il existe bien un ciel

Bon anniversaire, Marie-Andrée !
Qu'en cette journée de solidarité
Tu apportes le bonheur
Et un joyeux bonhomme Sept-Heures !

Marie-Ève

Une table satinée
Parfait pour téléphoner
Ceux qui ne savent pas savonner
Sous le quartier

Les robots sont si beaux
Que je me sens techno
Mais ils n'ont pas tort
D'être des centaures

La glace a rompu
Sur le gars dru
Brevet en bref
Donc en pétoncle

Bon anniversaire, Marie-Ève !
Telle une élève
Qui prend la relève
Je te souhaite une drève !

Marie-Hélène

Tel un page
Qui tourne la page
Il est temps pour toi
T'avoir ton toit

Monte au sommet
Récolte des crapets
On s'en rappelait
Quand ça arrivait

Une voiture sur la route
Vers la voute
Un piège de circonstances
Dans la constance

Bon anniversaire, Marie-Hélène !
Je cours sur les plaines
Pour crier à la porcelaine
Que je te souhaite plein de marjolaines !

Marie-Jeanne

Pourquoi
Des putois
Parlent avec sincérité
À des célébrités ?

Le clavier
De l'épervier
Arrête devant
Le gré du vent

Le trou dans l'arbre
Suivant le marbre
Pensait au toit
Qui est en soi

Bon anniversaire, Marie-Jeanne !
J'espère que rien ne te tanne
Je suis télépathique
Pour te souhaiter une journée fantastique !

Marie-Josée

Derrière le rocher
Se trouve perché,
Un ouvrier
Lévrier

Castagnettes à la main
Pluie de serpentins
Bruit de rotin
Avec le frein

J'hallucine des papillons
Dans mon savon
C'est ce qu'on disait
À des cadets

Bon anniversaire, Marie-Josée !
En guise de pétunsé
Je te souhaite une bonne journée
Pleine de poneys !

Marie-Lou

Vol de lama
Ronron de chat
Rien ne t'arrête
Puisque tu n'es pas un prêtre

J comme dans panini
O comme dans eah
I comme dans houée
E comme dans basqueks

Finir en beauté
Sur le côté
Au-dessus du canapé
Avant de monter

Bon anniversaire, Marie-Lou !
Je te souhaite des coucous
L'oiseau pas de cou
Qui danse dans la boue !

Marie-Michèle

Un peigne
Qui se baigne
Dans un beigne
Sans que ça nous atteigne

Hey
Bretelle
Corbeille
Mélangeur à patate

Fond du gratin
Dessus de Martin
Pleurer du vin
Créer un train

Bon anniversaire, Marie-Michèle !
Je te souhaite tout ce qui t'ensorcèle
Contrôlé par des ficelles
Lors de ta réception isocèle !

Marie-Noël

Plus rien
Dans la main
On lève les bras
On crie hourra !

C'est comme l'aventure
Des pentures
Qui se tordaient
Avec les briquets

Pluie et stratège
Neige et sortilèges
Des acrobates
Qui portent seulement une cravate

Bon anniversaire, Marie-Noël !
Rassemble ta moelle
On s'en va chez Joël
C'est loin d'être un polichinelle !

Marie-Pierre

La tabarouette
De brouette
Qui sent la ciboulette
Est pognée dans mes couettes

Crier vers un quartier
Dessiner sur un bananier
Le bonheur est sans malheur
Quand vient le temps des labeurs

Un pouce sur le pouce
Un espoir sous le pied
17
77

Puisque tu n'es pas Marie
Ni Pierre
Je te dis
Bon anniversaire, Marie-Pierre !

Marie-Soleil

Loin dans les sentiers
Se trouvait un dentier
Qui n'avait que souhaité
D'être une société

Orage de limonade
Soir de citronnade
Déchirer sa chemise
Dans une remise

L'ami des tapis
C'est du salami
Oh que oui
C'est ce que je dis

Bon anniversaire, Marie-Soleil !
Oublie le manque de sommeil
C'est le moment de la fête formelle
Et tout ça en vectoriel !

Marika

En cette journée bien remplie
C'est le solstice de ta vie
Rien ne pourra arrêter
Les tracteurs à gazon sans pneus

Le wombat
Se bat
Avec des ébats
Donc voilà

Mais puisque voilà
Donc tsé
Genre come on
Okay donc

Bon anniversaire, Marika !
Ça vaut la peine
De sortir le paprika
Pour ta petite baleine !

Marilyne

Voilà Tex
C'est un silex
Il habite à Kyoto
Avec son lavabo

Le blanc
Du banc
Le noir
Du nichoir

Une feuille au passage
Dix poubelles au rasage
Souffler des bougies
Snifer des toupies

Bon anniversaire, Marilyne !
Bines de colline
C'est bien selon Méli
Qu'on parle de Mélo !

Marina

Le pouding
Du camping
Le médecin
Du vilebrequin

Sombres sont les lumières
Éclatantes sont les prières
Mouiller des escaliers
Crier dans un party

Il n'y a pas de fonctions
Sans prétention
Accède à tes propriétés
Et deviens un ouvrier

Bon anniversaire, Marina !
J'ai reçu un secret de Florina
Haut droite gauche bas
Start select

Marine

Un soir d'hiver
Comme le soir d'hier
On utilisait nos tisoirs
Tard le soir

L'écorce de la connaissance
La couche de la puissance
Tranchée par le bucheron
Qui ne regarde que le tronc

L'étincelle des prunelles
Explosion de miel
Éclair de météore
Reconnaitre un toréador

Bon anniversaire, Marine !
Selon les doctrines
On doit te mettre dans la vitrine
Pour voir le spectacle de ballerines !

Mario

Il n'y a pas de mot
Qui peut être aussi beau
Que toi, Mario
Dans ton uniforme de matelot

Les roches m'ont dit
Que tu aimais les commis
Je ne sais pas si elles ont menti
Mais je les ai donc donnés à des gentils

Tu auras ta chance
Je suis en pleine manigance
Ne t'en fais pas
Il n'y a pas de repas

Bon anniversaire, Mario !
Fais ton scénario
En jouant au bridge
Avec Edwidge !

Marion

Rien que des pommades
Dans la marmelade
Bienfondée
Rien d'inondé

On ne peut empêcher le singe
De dévisager une meringue
Qui fait de la magie
Comme ce n'est pas permis

Concevoir
Un abreuvoir
Distributrice
De matrices

Bon anniversaire, Marion !
Je te souhaite du bonheur
Sans morion
Et en abondance de toutes les ampleurs !

Marjorie

Sous les vagues des tropiques
On y fait un piquenique
Avec des princes scientifiques
Qui partagent leur fric

Les saumons sont ronds
Les bateaux en carreaux
Les lignes qui s'inclinent
Les cylindres qui aiment se plaindre

Un castor tragique
Le roman britannique
La fourrure de briques
L'espoir des pratiques

Bon anniversaire, Marjorie !
Loin de la séniorie
En cette journée d'euphorie
On chante des théories !

Martin

Au centre du tronc
Se cache un carton
Prêt à déjeuner
Avec son ami carté

Les cils
Du stencil
Permettent de voir
Comme un égouttoir

Une tablette bien garnie
Les bretelles de tapis
Le regard tranchant
Comme un éléphant

Bon anniversaire, Martin !
Accueillons les travertins
Qui apportent le chambertin
C'est l'heure de traverser le fortin !

Martine

Liberté de parole
Dessiner des paraboles
Rien dans le fond du bol
Seulement un guignol

Simon est perplexe
De son complexe
Qui est-il ?
S'en souvient-il ?

Une filière entre les dents
Une prière entre les documents
Au cœur des montagnes
S'y trouve la campagne

Bon anniversaire, Martine !
Je te souhaite une mandarine
Parce que c'est comme une salamandrine
Avec un tas de chlorhydrine !

Maryse

Les images
Sur la page
Les rivages
De la plage

Un bâton sauteur
À la hauteur
C'est l'auteur
De ses propres malheurs

Une maison
Sans poison
Un poisson
Sans moisson

Bon anniversaire, Maryse !
Par l'entremise
D'un groupe de friandises
On t'offre des surprises !

Mathias

Badigeonner ses pieds
Sous un espace affamé
Regarder sur le côté
Et siler en karaté

L'écorce de l'Écosse
L'Écosse du précoce
Le précoce du carrosse
Le carrosse de la brosse

On connait Sébastien
Pour son gros chien
On connait Cyprien
Pour rien

Bon anniversaire, Mathias !
C'est l'extase
De reconnaitre que tu es assez coriace
Pour faire la piasse !

Mathieu

Une épaule
Sur le pôle
Un talon
De guenon

Les feuilles vertes
Les feuilles couvertes
Le sable brun
Le sable cajun

Rien que des dents
Virevoltant
Dans le vent
Du temps

Je fais une fugue
Je t'en conjugue
Bon anniversaire, Mathieu !
Et avoir du plaisir en ventredieu !

Mathilde

Rien de perdu
Sauf un dodu
Plein de mouches
Dans la bouche

La feuille
Dans l'œil
Un iglou
Qui sent le mou

Une aire de cercle
Une ère de siècle
Un air en bicycle
Truc qui gicle

Bon anniversaire, Mathilde !
Rejoins les tildes
C'est notre guilde
Créée par Berthilde !

Mathis

Loin dans la purée
Se trouve un bon dernier
Qui se révolte
Contre les volts

Les saints en l'air
Tout pour plaire
À une équerre
Qui sait tout faire

Un pixel oublié
Revient pour sniffer
Fiou
On lui donne le pitou

Puisque tu n'es pas en coulisse
Bon anniversaire, Mathis !
Fais de toi un matou
Et permets-toi d'admirer un caribou !

Mattéo

Viande à chien
De bas les patins
Botter un pantin
Pour se sentir crétin

Tête de cheval
Maitre tribal
Détruire un mur
S'enfuir sans murmure

Plier des dés
Pour bruler des pionniers
Pleurer sans blé
Et chuchoter sans amplifier

Bon anniversaire, Mattéo !
Tu es gâteau
À l'étage du balcon
Qui abrite des bâtons

Maude

Les baleines fondent
Au lever du soleil
La graisse perpétue la tradition
Depuis leur arrestation

Il est de circonstance
De croire en une constance
Parce que chaque année
Tu es fêté

L'écume dans la brume
La broue qui dit tout
Le pagne qui t'accompagne
Marchant vers un sol qui s'y prend

Bon anniversaire, Maude !
Ne sois pas trop maraude !
Sinon on va s'y méprendre
Car tu es déjà tendre

Maurice

Apprendre que les chylocladias
Te feront une belle journée sans limnadias
Ils ne savent parler
Pas ô combien calculer

Un pas avant Sarah
Deux pas dans le Sahara
Trois pas dans une armoire
Quatre pas d'un tamanoir

Un lion
Qui fait de la natation
Un tigre
Qui fermente un bigre

Bon anniversaire, Maurice !
En tant que patrice
Tu te dois de détruire les supplices
Qui goutent la réglisse !

Max

Derrière le comptoir
Se trouve un accotoir
Prêt à tout risquer
Pour ne pas s'enfarger

On l'accepte très peu comme il est
Même s'il est très laid
Cet oiseau un peu simplet
Qui n'a que des regrets

La neige sur le menton
On en parlait avec le front
C'est le temps de crier
Et de s'unifier

Bon anniversaire, Max !
En cette journée contumax
Je te souhaite d'être le climax
De tous les pédoclimax !

Maxime

Au crépuscule
Au rythme des pendules
Le loup qui spécule
Personne ne recule

Le sombre escabeau
Chemin du barbeau
Des coups de marteau
Pour afficher un bandeau

Les dents arrachées
Un sourire écarté
Un regard dépoussiéré
Et des mots en toute sincérité

Bon anniversaire, Maxime !
C'est aujourd'hui que ça rime
Parce qu'on a les dimes
Des minimes !

Maya

Le rituel est commencé
C'est comme ça chaque année
Lorsque le décompte est tombé
Peu d'artistes font du macramé

Mais aujourd'hui
C'est différent
C'est mon ami Gontrand
Qui est déguisé en harfang

Pas nécessaire de me remercier
Je ne suis pas un traversier
Je ne fais que ramasser
Ce qui me semble extasié !

Bon anniversaire, Maya !
En cette journée qui est le lendemain d'hier
Je te souhaite une bonne patère
Pour accrocher plein de manteaux sur la panthère

Mayden

Les confiseries
De la mamie
Devenaient nos amis
Quand on chantait les samedis

Le pouvoir du poulpe
Dans la soupe
Hier et demain
Un vilebrequin

Le clavier de Natashquan
Une souris d'anglican
La règle de l'avenir
Sans nous prévenir

Bon anniversaire, Mayden !
À côté de l'Éden
Motus et bouche cousue
Je te souhaite une fête décousue !

Mayson

Tranchant les apostrophes
Surfant sur les rhinocéros
Plaçant un pot de margarine
Sur le sommet de la colline

Une feuille de feu
Une goutte de feu
Un grain de feu
Un moulin à feu

Un coin de rond
Une courbe carrée
Un angle profond
Une stratosphère

Bon anniversaire, Mayson !
Les techniques fusionnent
Pour trembler la terre qui frissonne
La température est bonne !

Mederick

Une balle
En sandales
Un ballon
En carton

On voit les pères
De toutes les manières
Sur les rives de la rivière
Avec leurs confrères

Un vison
Sans vision
Un bison
Sans pantalon

Bon anniversaire, Mederick !
À la découverte de l'Amérique
On connectait les périphériques
Pour faire une fête féérique !

Megan

Le soleil dans le coin
La lune dans le foin
Rien de moins
Que des témoins

La croustade en tonne
Le poids d'une pomme
Sifflement de fer
Chercher de l'air

Un clavier de panel
Une souris de dentelle
Le son d'une apostrophe
Le cri d'une catastrophe

Bon anniversaire, Megan !
Chère mairesse de Shawinigan
Contrebandière d'organes
Et peintre végane !

Mehdi

Le bonhomme en cage
Adepte de la rage
Soufflait sur les souhaits
Et riait de ces niais

Refrain dans du pâté
Pleurer sans s'accoter
Se mettre à briller
Taire sans se mouiller

Roche de sable
Terre de table
Eau de câble
Air de fable

Bon anniversaire, Mehdi !
Tu l'as bien dit
On est bien mercredi
Et ça éloigne le touladi !

Mélanie

La montagne
Du duo-tang
Chantait le matin
Avec ses patins

Rien de tel
Qu'un bon manuel
Pour se sentir charnel
Au cœur de la dentelle

Bien que le sol
Plein de parasols
Récolte le miel
Qui tombe du ciel

Bon anniversaire, Mélanie !
Je te dis le mot mythomanie
Parce que ça rime
Et que ça donne des primes !

Mélina

Le tartare
Dans le placard
Chef des rencarts
Possédait un babillard

Loin de son hommage
Il tournait la page
À la friandise de son avion
Il inspectait son illuvion

Toc toc
Qui est là ?
Un mastoc !
Entre donc avec ton plat !

Bon anniversaire, Mélina !
Cocon de protoopalina
Enveloppe de clathrulina
Festivités de ramalina !

Mélissa

Le cueilleur
Est ailleurs
Comme son tailleur
De malheur

Le singe qui bat
Le souvenir du sabbat
En dansant tout bas
Avec son doctorat

La poutine brune
Sort de la prune
Pour sentir l'escalier
Qui monte pour se multiplier

Bon anniversaire, Mélissa !
J'espère que tu sautilles en bissa
À l'idée d'avoir plein de cadeaux
Et plein d'outardeaux !

Mélodie

Tarte aux nonnes
Gâteau aux icônes
Pain de téléphone
Crème de clones

Se laver de près
Cogner sur un cyprès
Ricaner de près
Botter un cyprès

La couleur de l'eau
L'odeur du mot
La saveur du ballon
La chaleur d'un rond

Bon anniversaire, Mélodie !
Oublie ta dysodie
Enfile une armure
Et tu auras les plus beaux murmures !

Mia

Rien au fond
Seulement du carton
Il était cependant bon
Mieux que le pantalon

Le nuage s'exprime
Il s'imprime
Telle une imprimante
Qui se réprimande

Les sandales qui sablent
Les patins qui s'ensablent
Les bilboquets sans gilets
Un grand verre de carnets

Bon anniversaire, Mia !
J'ai eu un message des tamias
Ils seront en retard
À cause des renards !

Michael

Le lézard
Au hasard
Le bazar
Du nectar

Une pieuvre dans la face
Un frêle qui fait des grimaces
L'odeur de la torpeur
Gâteau à la vapeur

Du ciment
Qui ment
De la brique
Cubique

Bon anniversaire, Michael !
Bien que tu sois sensationnel
Tire bien tes bretelles
Car tu deviens une sentinelle !

Michel

Ça ne sert à rien
De faire le plein
Sur le cadastre d'un train
Qui fonctionne au vin

La stupeur
Dans sa splendeur
Les rumeurs
Des bagarreurs

Au grand quai
Les grands moyens
Au petit pré
Les grands cossins

Bon anniversaire, Michel !
Sort le jeu de serpents et échelles
Qui te fera la bascule
Tant que bougera la pendule !

Miguel

Un voyage en pickup
Sur la rue Syncope
Une tourtière
Sans brassière

L'iris fondu
Le mamelon dodu
Trente éléphants
Qui fuient les enfants

En cette journée de fer
Il faut de la joie d'affaires
Et oublier le vivier
Qui se fait renier

Bon anniversaire, Miguel !
Mets tes plus beaux ensembles de sarouels
Pour passer du temps amical
Avec une ambiance musicale !

Mila

Un bateau
Sur un paquebot
Une auto
Sur une moto

Il suffit de rire
Des enfants martyrs
Pour croire à un suffixe
Derrière un préfixe

Aux grandes taches
Les attaches
Aux petits pas
Les chats

Bon anniversaire, Mila !
À la douceur des lilas
Je te souhaite une journée farfelue
Pleine de goulus !

Milan

La guerre des nombrils
Dans le vieux gabarit
S'exécute comme ce n'est pas permis
Avec de vieux tamis

L'espoir
D'un entonnoir
La vélocité
D'une société

En cette journée transcendante
N'oublie pas que les côtes ascendantes
Sont là pour descendre
Les pieds dans les cendres

Bon anniversaire, Milan !
Aujourd'hui tu as 1000 ans !
Il te suffit maintenant
De capturer des serpents !

Minette

Au gré de notre amitié
On ne peut se passer
De ce qui nous a rassemblés
Pour mieux se partager

Ô comme les volcans
Ont sacré le camp
Aux profondeurs de l'océan
Pour nous donner un élan

L'œil d'une baleine
Avec un chandail de laine
Le moustique
D'une guitare acoustique

Bon anniversaire, Minette !
C'est vraiment chouette !
De faire trempette
Avec les statuettes !

Mireille

Sculpteuse de barbelé
Dentiste de pommier
Policière d'infirmier
Docteure de marié

Un poids
De pois
Une mesure
De démesure

La pierre qui roule
N'amasse pas Raoul
L'oiseau qui roucoule
N'amasse pas Raoul

Bon anniversaire, Mireille !
Du sommet de mon échelle
Je te souhaite des sentinelles
Pour cultiver ton astre spirituel !

Mohamed

Tel le mixte
Des sixtes
Une sorte de roue ronde
Qui admire sa blonde

Le coussin
Du poussin
Le pont
Du thon

Écureuil
Fauteuil
Carreau
Poireau

Bon anniversaire, Mohamed !
Je te crie ça comme remède
Afin de t'aider
À récolter des cadeaux faits de karaté !

Molly

Jacques l'escargot
Démystifiant un paquebot
Aimait bien ses rideaux
Dans son lavabo

Non, non, non
Je ne suis pas un néon
J'aime les savons
Et les boites de carton

Sortir son deltaplane
Téléphoner à un aéroplane
Envole-toi et plane
Comme en hydroplane

Bon anniversaire, Molly !
Prends tes genoux
Évite d'être ramollie
Pour les danseurs de genoux !

Monique

Lunettes d'écrivain
Salade de grains
Sauce de poulain
Jus de coquins

Une oreille
Dans le miel
Un orteil
Dans le caramel

Comme un train
Je fais du pain
Comme un cucurbitain
Tu contactes Jasmin

Bon anniversaire, Monique !
C'est une journée canonique
Que tu dois agrémenter de tonique
Parce que la fête sera isochronique !

Morgan

C'est en retard
Comme un placard
Qui renferme le secret
Des cinq craies

Il ne faut pas ignorer
Ce qui s'est passé
L'élevage d'indignés
S'est fait cambrioler

Au quart d'un siècle
Dans la région de Sainte-Thècle
Tu as pu atteindre
Ton but sans te plaindre

Bon anniversaire, Morgan !
Pour la santé de tes organes
On va dévisager des gourganes
Pour fâcher des mariganes !

Mylène

Autour d'un ravin
On sert du vin
En échange de vingt
Et de reins

Les étoiles
En étoile
Les stars
Dans les stores

La bretelle
Arc-en-ciel
Les genoux
Super doux

Bon anniversaire, Mylène !
Mets ton chandail de laine !
On s'en va passer la semaine
Chez les samaritaines !

Myriam

Caché dans les bois
Avec ses bras
L'homme patate
Avait perdu sa rate

Ô comme c'est permis
De manger des mies
Avec des éléphants
À dos de faons

La piscine est ouverte
Même recouverte
C'est toute une découverte
Dans les plaines vertes

Bon anniversaire, Myriam !
Tu te souviens d'hier ?
À propos des jusquiames ?
Si oui, j'espère que tu es fière !

Nadia

Telle une vedette
Qui aime la ciboulette
Je te prête une mouette
Pour t'envoler avec les couettes

Non non non
Ce n'est pas un cabanon
C'est juste des canons
Pour impressionner Manon

Les feuilles sont vertes
Comme des couvertes
Avec un loup dessus
Et des sportifs qui suent

Bon anniversaire, Nadia !
Je contacte les médias
Pour les mendier
En leur demandant de t'offrir des limnadias !

Nancy

En cette veille
Tout se passe à merveille
Car demain
Aujourd'hui sera loin

Les licornes seront reines
Sur le dos de leurs rennes
Tels des bancs de bois
Qui savent qu'on aboie

Bibelot de canot
Matériaux de ginos
Un peu plus beau
Comme l'eau

Bon anniversaire, Nancy !
Tu as encore réussi
À ouvrir le châssis
Aux fanfarons, roussis !

Naomie

Ça sentait la victoire
Sur les grattoirs
Tu t'étais avancée
Et tu as compté

La grue
Levait une grue
Un pont
Soutenait un autre pont

Rien de dramatique
Puisque c'est énigmatique
Sans être contraire à l'éthique
On se promenait en cosmétique

Bon anniversaire, Naomie !
Ensemble, utilisons l'astronomie
Pour toucher les étoiles
Avec des bateaux à voiles !

Natacha

La terreur
Prend de l'ampleur
Au nom de l'empereur
Le grand bébé qui pleure

Un citron étourdi
L'avait prédit
C'est ce mardi
Qu'on trille des crédits

Une céramique
Historique
Un orchestre symphonique
Comique

Bon anniversaire, Natacha !
Pas question d'être pacha
En remplissant le bachat
Plus petit que les chas !

Nathalie

C'est avec Wojtyla
Et plein de lechriopylas
Qu'on te dit d'être là !
Ne l'oublie pas !

Fond blanc
Texte coloré
Assis sur un banc
Avec des curés

Il faut gambader
Sans se demander
Si l'on souhaite
Flatter des moufettes

Bon anniversaire, Nathalie !
Je l'ai su par un ditali
Perché sur un sénégali
Que ta fête serait chez des timalies !

Nathan

Au bas de la tour
S'y trouvait un être court
Il leva la tête
Et y vit une fête

À dos de peluche
On y voyait des corniches
Habitées par des caniches
Qui dansent avec des niches

Le trèfle géant
Portait des suppléants
Le grief petit
Portrait du salami

Bon anniversaire, Nathan !
Ça vient des organes
L'émotion artisane
De traverser les douanes !

Nathaniel

Un train
En patin
Était encore loin
De son foin

Les citrouilles
Avaient la trouille
Des gargouilles
Pleines de nouilles

Marchant sur la rue
Vendant de la laitue
Près de la lune
Avec des prunes

Bon anniversaire, Nathaniel !
Ne te lance pas dans les poubelles
Si tu vois une corneille
Qui t'émerveille !

Nelly

On s'étoffe
Avec du baeckeoffe
Afin d'éliminer le martyr
Et voir notre bonheur grandir

Un jour à la fois
Un instant de foi
En la force du roi
Qui s'empare de toi

En cette journée de démence
Je te souhaite de la semence
Et de la persévérance
Pour une joie qui deviendra immense !

Bon anniversaire, Nelly !
Grâce à toi, tout s'embellit
Contrairement aux bonellies
Et aux meubles en sapelli

Nelson

Une fourchette
Des fléchettes
Rien de très frette
Dans la bassinette

Toi qui nous émerge
Dans une marée qui se converge
On se submerge
À la lueur de l'asperge

Regarde la roche
Comme elle est croche
C'est comme de la sloche
Dans le fond de sa poche

Bon anniversaire, Nelson !
En tant que grande personne
Tu mérites beaucoup de fun
En gambadant avec des nonnes !

Nick

On chuchotait
Et on se cachait
C'était des carnets
Qui nous poursuivaient

Les diamants en main
Près des ravins
Une lueur en vain
C'était des carnets coquins

Le bonheur luisait
Comme un sifflet
La poussait
Autant qu'on dansait

Bon anniversaire, Nick !
Jouons de la musique
En cette journée fantastique
Car tu es unique !

Nicolas

En Grande-Bretagne
Derrière les montagnes
Se cache Charlemagne
Qui se magne

À l'or et du bois
Comme le disait Brisebois
Virtuellement
Comme disaient les tannants

Sapin de pain
Lutin de terrain
Frein de matin
Gratin de valentin

Bon anniversaire, Nicolas !
C'est l'art du chocolat
Qui s'enfuit sur les toits
Avec quelques bélougas !

Nicole

Bien qui vient
Mal de fanal
Ça ne ressemble à rien
Ce qui peut être fatal

Un douanier
Dans le pommier
On élèvera des goberges
Sans limiter notre gamberge !

Un géant neveu
Un néant qui se peut
Un nain de glace
Une frasque qui se déplace

Bon anniversaire, Nicole !
Au-dessus de l'échelle d'Éole
On lève notre colle
À la santé des terricoles !

Nina

Les champignons
Pas d'ognons
Sur un pont
Vert, le mont

Non au passé double
Non à l'élevage de trouble
Par des visiteurs qui s'encoublent
Et qui nous troublent

Un pantalon d'adieu
Marcher lorsqu'il pleut
Un grand caverneux
Qui préfère ses aveux

Bon anniversaire, Nina !
Ta journée ne sera pas une bérézina
Car on se partage les ocarinas
Pour fêter les zaraguinas !

Noah

Cendres de ciment
Poudre de Clément
Un coude qui ment
Du charbon en diamant

L'oreille qui sommeille
L'orteil qui s'éveille
L'extrémité de ta vaisselle
Un party dans tes aisselles

Du lubrifiant
Pour les méfiants
De la graisse
Pour les fournaises

Bon anniversaire, Noah !
Je te souhaite des pétunias
Pour envahir ta journée de plats
De tout le miam miam qu'on gouta !

Noémie

Comme un battement
De cœur, évidemment
On récolte l'argent
En attendant les paravents

Bonne purée de foin
Siffler du soin
Faire coin coin
Dans les recoins

La luzerne
De la caverne
Le têtard
De monsieur Hector

Bon anniversaire, Noémie !
C'est une transition de septicopyohémie
Pour lancer les feux d'artifice
Qui signaleront ton bonheur et ses bénéfices !

Nolan

Sur un toit
Avec toi
Et un patois
Chantait une oie

L'écaille
De l'émail
La puissance de l'attirail
Sur un champ de bataille

La lueur
Qui fait peur
S'éloigne du leurre
Accompagnée de ses précurseurs

Bon anniversaire, Nolan !
Chantons comme des ortolans
Un peu contrôlants
Pour voyager en volant !

Nora

L'orteil arraché
Par une tranchée
À l'entrée d'un marché
Avec nos pépés

On sait ce que tu as
Quand tu mets tes bas
Tu regardes en bas
Et tu vois des plats

Loin de l'idée de terreur
Quand ça fait fureur
Ta recette de pouding chômeur
On se savoure sa saveur

Bon anniversaire, Nora !
Je te l'écrirais en chaura
Mais tu l'auras
Alors on se rejoint à l'ixora !

Océane

Allez
Tu es bien préparée
Envole-toi
Sur les toits

Saute comme tu n'as jamais sauté
De thé en thé
En chantant
Avec des trucs entre les dents

La lueur de ton être
L'éblouissement d'un champêtre
Ô comme disaient les prêtres
Vénérons le grand parcomètre

Bon anniversaire, Océane !
C'est le festival des deltaplanes
Chaque moment de ta vie,
Accompagnée par les convives qui t'ont suivie !

Olivia

C'est en forçant
Qu'on devient vétéran
C'est en courant
Qui revient relativement

Tu regardais le lama
Je regardais le lama
Le lama ne nous regardait pas
Il faisait les cent pas

Un buisson si parfait
Comme un arrêt
Un thon si navet
Comme un cornet

Bon anniversaire, Olivia !
Buvons du jus de stévia !
Et mangeons des batavias
Il faut fêter comme des rhingraviats !

Olivier

Les félins
Contre les pantins
Demandent aux buffletins
À propos de leurs potins

Les cubicules
Lors d'une canicule
Les spatules
Dans les vestibules

Rien qu'en regardant
Un grand perdant
On y voit le géant
Avec un fondant

Bon anniversaire, Olivier !
Selon mon clavier
On est en janvier
Alors, devenons des bouviers !

Omar

Une pierre
Bien prospère
Une roche
Dans la sacoche

Une fruitière dans le pommier
Un poissonnier dans le bustier
Un gros orteil
Sur les mamelles

Une mitaine
Dans la mi-trentaine
Un singe marin
Qui lèche des calepins

Bon anniversaire, Omar !
On va rejoindre les zigomars
Et chasser des gammares
Pour ne pas faire de rimes avec homard !

Ophélie

Le poing
Dans un coin
Bien au loin
Des besoins

Un rhinocéros
Féroce
Une péninsule
En capsule

Un flanc
Bien franc
Une chaise
Bien à l'aise

Bon anniversaire, Ophélie !
Je t'offre des aurélias
Pour épanouir les vélies
Au cœur des lobélies !

Paméla

En ballon
Comme un melon
Chapeau sur la tête
C'est la fête !

Dentier de métier
Tissier à marier
Trousseau d'associés
Crier en force G

Un cabanon
Qui dit non
Un saxophone baryton
Qu regarde un feuilleton

Bon anniversaire, Paméla !
Loin des zarzuélas
Aux rivages de l'au-delà
On a des vuvuzelas !

Pascal

En tant que chien miroir
Tu as le pouvoir
D'être une rock star
De l'espoir

Ta douceur charnelle
L'odeur de tes aisselles
Astre naturel
Pieuvre professionnelle

Ton regard lumineux
Lorsque tu le peux
Ton rire de pneu
Quand on se sent vieux

Bon anniversaire, Pascal !
C'est une journée peu banale !
Car c'est avec les cymbales
Qu'on lance le bal !

Patrice

Une poche
De sacoche
Une roche
Qui s'écorche

Le pluriel
Du mot trembler
Le féminin
D'un vieux marin

La Pologne
Qui me pogne
L'Australie
Qui le lit

Bon anniversaire, Patrice !
Tu mérites des bissectrices
Et des tectrices
Pour frimer face aux Médiomatrices !

Patricia

La virilité
Sous une vanité
Les muscles
Des équimuscles

À l'arrière porté
Dormait un diamant né
Pieuvre de désespoir
On y mange des poires

Balinguste et trismus
Des mots sans malus
Loin du mucus
Absorber des stimulus

Bon anniversaire, Patricia !
Je t'offre des focaccias
Avec des spinacias
Pour éloigner les physcias !

Patrick

Tel un secret
De crapet
Tel un balai
De cabaret

Il est né
Le divin désigné
Chantant sous les couvertes
En cueillant la couleur verte

C'est si mouillé
Dans le sablier
C'est si sec
Dans les pastèques

Bon anniversaire, Patrick !
Cache ton historique
On va faire une rhétorique
Et faire une fête historique !

Paul

La douceur
Des couleurs
L'odeur
Dans sa splendeur

Un éveil matinal
Un sommeil brutal
L'ouverture hivernale
Le recommencement final

Une pièce d'avenir
Un accès en devenir
L'espoir d'un moment
La continuation qui se ment

Bon anniversaire, Paul !
On va suivre le protocole
Et sortir du monopole
Et te souhaiter une journée pipole !

Pénélope

Rien à voir
Avec les miroirs
C'est à la patinoire
Qu'on ouvre les tiroirs

Au sein de l'apogée
Quand on vient de se cogner
On a bien remarqué
Que c'était risqué

Un héritage sur le général
Cinq trompes sur l'arsenal
Une dent sur l'emmental
Un œil sur le cannibale

Bon anniversaire, Pénélope !
Regarde les antilopes
Elles arrivent en interlope
Pour t'apporter des galopes !

Peter

C'est bien normal
D'être un fanal
Quand la nuit tombe
Sous les catacombes

Il faut améliorer
Les mentorés
Il ne faut pas ignorer
Les persécutés

C'est un escalier de bouvier
Attention aux betteraviers
Parce qu'on n'est pas des amadouviers
Ni des palétuviers

Bon anniversaire, Peter !
Asteure
Il faut remonter la plateure
Pour effrayer le bonhomme Sept-Heures !

Philippe

Le levier
Dans le panier
Ouvre sans nier
Un grand douanier

L'œil vert
Qui n'est pas vers
Un horizon de verre
À dos de vers

C'est bien sûr une banane
Qu'on doit écrire
Avec une soutane
Pour se blottir

Bon anniversaire, Philippe !
C'est un travail d'équipe
De pratiquer nos manipes
Pour sculpter des pipes !

Pierre

C'est l'aube du printemps
Peu après le mauvais temps
Qu'on regardait des mous marrants
Faire leur ménage de dents

Piew piew piew
Les oiseaux laser
Fiou fiou fiou
Les oiseaux sincères

Il n'y a plus de statue
Qui peut mettre à nu
L'exposition d'une tortue
Dans les rues

Bon anniversaire, Pierre !
C'est le début d'une nouvelle ère
Je te souhaite de confettis
Pour fêter avec des yétis !

Pierre-Luc

Agrippé
À une épée
Se farcir
Sans se noircir

À l'art
Et du bois
Lancer un dard
Sur un hautbois

Bien râler
Sur un nez
Bien parler
Sur un pré

Bon anniversaire, Pierre-Luc !
Masse ta nuque
Et attache ta perruque
On s'en va à La Tuque !

Pierre-Olivier

À l'abri
Des intempéries
En sureté
Dans une poche de thé

Un tronc
Sans fond
Un raptor
À dos de castor

Je sais que tu reluques
Ce poème qui n'est pas aduatuque
À la forteresse de ta sambuque
Voilà le truc !

Bon anniversaire, Pierre-Olivier !
Ce n'est pas un goyavier
Car je t'offre une journée
Pleine de pâtés !

Rachel

Un grand pied
Dans un passionné
À plein divin
Entre les lapins

En cette journée sans contrefugue
Je te souhaite plein de fougue
Pour ton élevage de teugues
Qui se subjugue

Une lueur d'histoire
Un roman sans espoir
À bretelles magiques
Une girafe léthargique

Bon anniversaire, Rachel !
En cette journée sensationnelle
Je te souhaite des sentinelles
Pour une amitié éternelle !

Raoul

L'arbre sur le pont
La mer sur le tronc
Tel un jupon
On visionne des feuilletons

Aux grands mots
Les grands moyens petits
Comme un coco
Dans un entrepôt sans sortie

Des noms bien cléments
Qui en tirent des mouvements
Déments
Dans les éléments

Bon anniversaire, Raoul !
Aujourd'hui il y aura foule
Pour entrer dans le moule
Et, pour toi, jouer à la choule !

Raphaël

Le mufle d'épreuves
Un cervidé sans preuve
On organise un festival
Pour dévier le carnaval

Prière de barrière
Anniversaire de carrière
Au rigolo
Un bibelot

Au centre du tronc
S'y trouve un caméléon
Bien que sans patron
On le surveille sans héron

Bon anniversaire, Raphaël !
Que ta puissance éternelle
Puisse récolter des gazelles
Pour piétiner de la citronnelle !

Raymond

En un rien de temps
On caresse de l'argent
Pas nécessaire d'être tannant
Suffit de fuir les départements

Un œil dans le palais
Un chevreuil dans le panais
Ô comme a jugé le pré
Comme un loup affamé

À l'ambre de la fontaine
Une fable de Madeleine
Alouette et castagnettes
Brebis sans sauterelle

Bon anniversaire, Raymond !
Fini les démons
Embarque sur les palémons
On s'en va chez les Hémon !

Rebecca

Un orignal
Peu original
Donne le signal
Pour la finale

C'est bien expliqué
On peut dire que c'est O.K.
C'est mal expliqué
On peut dire que c'est okay

C'est peu de temps
Avant le printemps
Qu'on se sent grand
En regardant droit devant

Bon anniversaire, Rebecca !
Prends un bon déca
Puisqu'on va mémoriser
Les souvenirs mémorisés !

Régis

Les reliures
Sans sciure
Une capiure
À dos de scorpiure

Bref
Lourd comme un tref
Trouvaille de diamant
Recherche de catamaran

Un petit chinchilla
Qui vivait là
Un wombat
Qui est rabat-joie

Bon anniversaire, Régis !
Je t'accepte comme saucisse
Puisque tu en as six
Qui détruisent les vices !

Rémi

Entre des étages
Au ras des plages
Comme un gros pelage
S'y trouvait un sarcophage

À bien
De rien
À tout
Tu couds

Liaison fatale
Lien fractal
Arriver en finale
Pour gagner un signal

Bon anniversaire, Rémi !
On s'en est remis
Du message qui a été émis
Par un atémi !

Renaud

Cent sangs
Vingt vins
Deux d'eux
Onze onzes

Brouette de cacahouètes
Nœud de pneus
Lanterne ferme
Lumière du derrière

Poteau de mots
Barreaux de moto
Piège de sortilège
Entrer sans clouer

Bon anniversaire, Renaud !
Je suis beau
Mais je ne manque pas le bateau
Pour t'offrir ce cadeau !

René

Une caricature
De peinture
La friture
D'une reliure

À sapins tirés
Je me suis étiré
À tremplin marié
On est des sommeliers

À l'épreuve du temps
Contrebande de divans
Une ruelle mauve
Comme un fauve

Bon anniversaire, René !
Je ne suis pas nu-pieds
Mais je pourrais oser
Et te fêter !

Richard

Plein de chats
Dans le centre d'achats
Plein de chiens
Dans le parc à chiens

Monter sur ses barricades
Pour gérer les estrades
Signer une entente de principe
Et piger des tripes

Être un vrai matelot
Guidé par les étoiles
Ne pas être populaire
Devenir polaire

Bon anniversaire, Richard !
Ne sois pas pétochard
On va t'apporter un chinchard
Et fêter comme des bambochards !

Richardson

Les nuages l'ont prédit
C'est lors d'un samedi
Qu'on achètera du rôti
Avec beaucoup de tatamis

Quand on appelle le train
Il fait affaire avec le crétin
On le regarde, mou
Avec des visages doux

La crème sur la tarte
Le gâteau sans tartre
Un coussin délicieux
Comme le genou d'un dieu

Bon anniversaire, Richardson !
Les cloches sonnent
Au son des bonbonnes
Pleines de cotonnes !

Robert

Le crépuscule
D'une spatule
Dans la brume
Luisait ses coutumes

Aux grands plumages
Les grands hommages
Prends ce béton,
Ce bois et ce savon

Un grand tuyau
Fort comme un taureau
Une grande limace
Qui te masse

Bon anniversaire, Robert !
Prends une bonne gorgée d'air
Parsemée d'éclairs
Aujourd'hui ton âge est en lamberts !

Robin

Tel un python
Fier de son piton
Comme les biscuits sans nom
Qui sont sans renom

On oublie sauvagement
Que dans le temps
On n'y croit pas vraiment
Et c'est surprenant

En ce qui concerne
La luzerne
On en a les leggins pleines
Quand on les gouverne

Bon anniversaire, Robin !
Sors de ton bain
Urbain
Car tu n'es pas encore manitobain !

Roger

Brin de rouquin
Plein de refrains
On range le filin
Avec nos rondins

À la lueur du destin
On contacte l'humain
Parce qu'il a enfin
Hâte à demain

Sans savoir
On a espoir
En notre rasoir
Qui accompagne notre baignoire

Bon anniversaire, Roger !
Ce n'est pas une nécessité de m'interroger
Aujourd'hui c'est ton anniversaire
Car tu es sincère !

Romane

Loin dans les décombres
Lueurs des catacombes
Pousser des histoires
Crépuscule de désespoir

Laminer sans compter
Lancer ses dés
Une larme oubliée
On perd pied

Fanfare de la mort
Regard de trottoir
Cris de castor
Mamelles en costard

Bon anniversaire, Romane !
Je te souhaite du cellophane
Transparent comme les plectrophanes
Fait d'uranophane !

Romy

Une commande
De télécommandes
Une soumission
De prémonitions

Le moment butoir
Mal à l'arrosoir
À l'orange
Et à l'étrange

Le feu
Lorsqu'il pleut
La glace
Lorsqu'elle prend sa place

Bon anniversaire, Romy !
N'oublie pas tes économies
Quand tu veux impressionner
Les palmiers marinés !

Ron

Un petit malin
Attendait le lendemain
Dans le creux de ses mains
Avec son faucon pèlerin

Au crépuscule
Il leva sa spatule
Afin d'y insérer une tarentule
Qui fabule

Le bureau était ouvert
Quand il a découvert
Qu'il était sous le couvert
D'un ours polaire

Bon anniversaire, Ron !
Tu en as des tonnes
Mais tu te bidonnes
Quand tu ronronnes !

Ronald

Un panier
Sans cavalier
Un ponton
De bourdons

La chèvre
Qui lèche la sève
Puisque le câble est mûr
Comme une tarte aux sures

L'éléphant costaud
Chuchotait au taureau
Qu'il était roi des beaux
Avec supposément un barbeau

Bon anniversaire, Ronald !
Aujourd'hui pas de scald
C'est une journée spéciale
Comme une navette spatiale !

Rosalie

À Berverly Hills
Difficile une rime en Hills
Alors, changeons de son
Pour rigoler avec les poissons

Un trottoir
Un peu illusoire
Un miroir
Dans le tiroir

Sombre luzerne
Claire lanterne
Un renard de bois
Un castor qui aboie

Bon anniversaire, Rosalie !
On n'est pas en Italie
Mais on garde notre hypersialie
Pour des eulalies !

Rose

Le 17 avril
C'est comme une fausse rime
Avec le mot trampoline
Et l'adjectif rocambolesque

Sous une montagne
S'y cache un passe-montagne
Avec des pulsations artérielles
S'y cache un caractériel

Un garde-robe bleu
Qui disait corbleu
Pendant qu'il se surveille
Il en a perdu des merveilles

Bon anniversaire, Rose !
J'espère que tu oses
Lorsqu'il est question de prose
Contrairement à mes métamorphoses !

Roxanne

Non, non, non
Il y a des limites
Aux stalagmites
Qui parlent au charbon

La lueur de l'anémomètre
La stupeur d'un pluviomètre
La rondeur d'un thermomètre
La grandeur d'un maitre

On ne peut renier l'éternité
Comme le savon de la mariée
Pas cher et résistant
Achetez nos super détergents

Bon anniversaire, Roxanne !
On se donne rendez-vous avec les gitanes
Et des bananes
Pour explorer la savane !

Ryan

Chevauchant un bœuf
En tenant un œuf
Comme un taouin
Avec un plantain

Une arche
De marches
Fier panache
Comme une parche

Brindille
De camomille
Silex
D'un perplexe

Bon anniversaire, Ryan !
Contacte ton jumeau inconnu Bryan
Car on vous fêtera
Avec plein de féras !

Sabrina

Aujourd'hui, c'est fini
Je mets tout ça dans l'infini
Un marteau au four
Qui sort du four

Bien que non
Alors, dansons
Écoute ces sons
Ils me rappellent des mottons

J'écris des trucs
Sans chercher des rimes
Pourtant, j'arrive toujours
À écrire des mots

Bon anniversaire, Sabrina !
On se rejoint à la marina
Pour jouer de l'ocarina
Avec Katrina !

Sacha

Un vieux succès
Sans balais
Un pirate
Qui se dilate

Profite bien de ton animal
Pour patienter comme au tribunal
C'est la journée nationale
Des amis de l'idéal

Une pizza
À la plaza
En cette journée chaude
Tu as le droit de faire des fraudes !

Bon anniversaire, Sacha !
Déconnecte-toi du téléachat
Et sors capturer tous les chats
Pour valider le captcha !

Sam

C'est par terre
Que se trouve Lucifer
Ce dieu malicieux
Et bien curieux

Un chaton
Sous le balcon
Un téton
Dans le marathon

Pluie de pieuvres
De la poudre de couleuvres
Et un lit de veuves
Pilules sans preuve

Bon anniversaire, Sam !
Aujourd'hui, pas de drame
On sait ce qui se trame
Lorsqu'on entend un brame !

Samantha

C'est dans le futur
Que tu te rappelleras cette armature
Qui a cultivé ta posture
Face aux admirateurs

Non rien n'est certain
Même pas les canins
Alias les chiens
Qui aiment le fond de teint

À récolter des devoirs
On finit par le savoir
C'est seulement tôt le soir
Qu'on se voit dans un miroir

Bon anniversaire, Samantha !
Bien qu'on délabyrintha
Des propos qu'on absintha
Éloigne-toi des cassythas !

Sammy

Au cèdre
Sans dodécaèdre
Je le plains
Lui et ses regains

À volteface
Avec les limaces
On sait très bien
Ce que tu tiens

Peu de savoir
Dans le crachoir
Pousser dans un vivoir
En écoutant un gravoir

Bon anniversaire, Sammy !
En ce temps de mie
Nous sommes tous amis
Avec la géothermie !

Samuel

Un wombat
Qui se bat
Avec sa samba
Vu un ébat

Un zèbre
Ajuste son algèbre
C'est si bien dit
Dans un taudis

Un arbre
En marbre
Fait de similimarbre
Pour faire de l'escalarbre

Bon anniversaire, Samuel !
Mon message n'est pas spirituel
Mais il est virtuel
Et un peu sensuel !

Sandra

En ces mots
Fabrique de plumeaux
Autour d'un gémeau
Le gout d'un ormeau

Il fait son beau
L'avenir des lièvreteaux
Transformation en merbau
Notre passé en flambeau

Oublie la peur
De la lueur
Car elle a le malheur
D'être pleine de stupeur

Bon anniversaire, Sandra !
Tel un bouvier
Tu t'étendras
Sur des milliers !

Sandrine

À temps libre
À bon calibre
On tient en équilibre
Sur ton corps qui vibre

Magasin ouvert
Chien couvert
La peur certaine
Divisée par centaines

Bijou de nectarine
Bijou dans la narine
Bijou dans la marine
Bijou dans la vitrine

Bon anniversaire, Sandrine !
Pour répondre à la doctrine
Qui dit que tu es roulée dans la farine
Tu es plutôt roulée dans la mandarine !

Sarah

Un pas
De pizza
Un rat
De matelas

Village de lumières
Du terrain centenaire
Fenêtre tertiaire
Frénésie de cerf

Protéger des épiniers
Lécher des sangliers
Pleurs du pommier
Danser sans se casser

Bon anniversaire, Sarah !
Appelle ton magistrat
On doit dénoncer un sprat
Qui est un petit verrat !

Sarah-Maude

Le ventre huilé
Le torse mouillé
Les pieds palmés
Les cheveux calmés

Un proverbe de rançon
Un verbe de suçon
Un adjectif polisson
Un nom mollasson

Les fibres mortes
D'un casse-porte
Le sucre de castor
Les dents d'Hector

Bon anniversaire, Sarah-Maude !
En cette journée presque chaude
Je te souhaite des thibaudes
Pour éloigner les bagaudes !

Sébastien

C'est comme tu veux
Fais tes aveux
On le sait
Que tu n'es pas niais

Hommage aux portages
Célébrons les sarcophages
Avec du bon potage
De mariage

Un orteil
Sans oreille
Une main
Sans câlin

Bon anniversaire, Sébastien !
C'est en faisant un lien
Avec un montien
Qu'on devient stylisticien !

Serge

Du bon jus
De verjus
Qui vient de Fréjus
Servis par un téju

Des lunettes
En savonnettes
Des trottinettes
En serviettes

Poser lapin
En patin
Poser un sapin
À un requin

Bon anniversaire, Serge !
Sans faire de rime avec vierge
Je t'apporte un cierge
Pour mettre sur tes canneberges !

Shawn

Un long voyage
Sans plage
Saveur de pelage
On a des mirages

En kigurumi
À Miami
Surtout un samedi
Avec des amis

Le temps avance
Aucune démence
On entre en transe
Et on danse

Bon anniversaire, Shawn !
Fini les flânes
C'est à dos d'âne
Que je te masse l'endocrâne !

Simon

À l'esturgeon
Des canetons
Aux environs
Les biberons

S'éloigner
Du blé
On récolte les sablés
Des frères damnés

À savoir lequel
En ignorant les séquelles
C'est loin d'être la salmonelle
Qui va nous rendre les prunelles

Bon anniversaire, Simon !
Embarque sur le ponton
On traversera le béton
Pour chuchoter aux Bretons !

Simone

Au sein d'une collection
Sur des boites de tordions
Avec des talons
Qui enchantent les étalons

Pluie sans pluie
Neige sans neige
Eau sans eau
Caniveau sans caniveau

Une course de moto
En bateau
Une course de manteau
En dessous de la peau

Bon anniversaire, Simone !
Je te le donne
Tu as su berner toutes les personnes
Lorsque tu as fait ton imitation de dragonne !

Sofia

Conseil de pignon
Sur un champignon
Comme un champion
Qui utilise ses pions

Un furet
Dans une forêt
Aime ce qu'on ferait
Avec les attraits

Pas besoin de chercher
Quand on reçoit l'évêché
D'un arbre perché
Sur un automarché

Bon anniversaire, Sofia !
Sortons le tafia
Il faut fêter en grand
Comme des enfants !

Sonia

Les regards joints
Dans un coin
Avec un point
Qui crache du foin

Une branche
Étanche
Une hanche
Blanche

La couleur du sol
Les lueurs du pergélisol
Odeur de tournesol
Docteur Guacamole

Bon anniversaire, Sonia !
À dos de ténia
On visite les evernias
Pour impressionner les salvinias !

Sonny

Comme un saumon
Sur un mont
Avec du thon
Plein le tronc

On réveille une corneille
Qui s'éveille
Comme une merveille
Sans pareille

On met sa carpe
Et on dérape
Comme des superhéros
On en pogne des gros

Bon anniversaire, Sonny !
Bien que tu n'aimes pas l'électronique
Tu mérites un bon macaroni
Supersonique !

Sophie

Comme la douceur
D'une lueur
On frime à 7 heures
Avec le bonhomme qui fait peur

C'est le temps
Des serpents
Un peu imprudents
avec leurs dents

Carnaval de cas
Cas de narval
Chassé-croisé
Mot froissé

Bon anniversaire, Sophie !
C'est tout un défi
De ne pas être bouffi
Grâce au wifi !

Stella

Cheval de bois
Tel un boa
Il est le roi
De la loi

Une pierre
À Pierre
Une roche
Accroche

N'oublie pas ton cofferdam
Lorsque tu vas marcher sur le macadam
En direction d'un baril de schiedam
Tadam !

Bon anniversaire, Stella !
N'attrape pas de salmonelle
Avec tes amis mitchellas
Qui t'ont cuisiné des truncatellas !

Stéphane

Sur un cartable
Dans l'étable
Un crocodile et toi
Soutiennent le toit

C'est une force
Qui s'efforce
Et s'amorce
Pour impressionner l'écorce

Un baluchon
Dans le capuchon
Un biberon
Sans bouchon

Bon anniversaire, Stéphane !
C'est loin de la savane
Qu'on sort nos caravanes
Pour faire des courses partisanes !

Stéphanie

Derrière un cabanon
Avec des canetons
C'est quelque chose de long
Un espadon

Ricaner
Du né
Pleurer
Du dentier

Émerveillement
De sentiments
Stupéfaction
De réactions

Bon anniversaire, Stéphanie !
Ne le dis pas à Annie
Mais c'est loin d'être fini
Vos secrets en catimini !

Steve

C'est à côté d'un cèdre
Qu'on est loin de te perdre
Puisque tu n'es pas un tétraèdre
Ni Archimède

En marchant au loin
On marche dans le foin
En marchant tout prêt
On piétine des cornets

Un abonnement
Aux sentiments
Un râlement
Au parlement

Bon anniversaire, Steve !
En cette journée positive
On fait quelques tentatives
Pour faire une fête affective !

Steven

Les lunettes
En allumettes
Image de silhouette
Mangeurs de castagnettes

L'esperluette
De l'alouette
Fière cacahouète
Déplacée par une girouette

Porteurs de bobettes
Comme des vedettes
En utilisant les toilettes
On économise la gazette

Bon anniversaire, Steven !
Appelle tes collègues slovènes
Pour leur annoncer qu'aujourd'hui
C'est la fête du duit !

Sylvain

L'avenir au loin
Tendre la main
Lueur dans les reins
Souvenir d'un matin

Il ne faut pas
Oublier qui s'abat
Lorsqu'on est l'effroi
D'une paroi

Un arbre
De marbre
Un océan
De néant

Bon anniversaire, Sylvain !
Je ne suis pas le meilleur des écrivains
Mais je te souhaite des couvains
Pour que tout ne soit pas vain !

Tania

On s'est rencontré
Voilà des années
C'était ma fête
Mais pas ma fête

Tu m'as reconnu
Pour ce que tu as lu
Les poèmes que j'écris
Et dont jamais je ne crie

Tu avais de longs cheveux
C'est tout ce que tu veux
Quand vient le temps d'être coquin
Comme un arlequin

Bon anniversaire, Tania !
Allons rejoindre les ammanias
Et les zizanias
Pour juger les guranias !

Théo

C'est avec mon clavier
Que je te parle de goyavier
Parce que c'est vraiment un betteravier
Qui arrive en janvier

Fusée de plongée
Clavarder avec l'ainé
Des orteils
Qui s'émerveillent

Une remorque
À froc
Un camion
En phormion

Bon anniversaire, Théo !
Au loin sur mon ile
Je te crie hé oh !
Parce que c'est une rime facile !

Théodore

Une rose
Qui prend la pose
Une prose
Sans cause

Pierre de diamant
Marin sans catamaran
Se souvenir d'un fringant
Siffler avec des gants

Un espionné
Qui aime scier
Une table
Dans l'étable

Bon anniversaire, Théodore !
Bien que tu dors
Il n'est jamais trop tard
Pour se réveiller sur de l'art !

Thierry

Au mois d'octobre
Face aux sobres
On se met en robes
Pour ne pas être des opprobres

Tel un canidé positif
Un loup qui fait oui
Je te souhaite des démonstratifs
Qui seront tout ouïe

Une bibliothèque
Dans la pastèque
Le diamant
Dans l'amant

Bon anniversaire, Thierry !
Je t'offre une kerrie
Donc pour ne pas manifester ta virilité
N'oublie pas de t'huiler !

Thomas

Le bandeau
Tombé dans l'eau
Le placébo
En paquebot

Entendre une prime
Pour gambader avec un mime
Vers une montagne d'oximes
Pour chercher la dime

Fierté d'un brocoli
D'attendre un colis
Dresseur en catimini
De zucchini

Bon anniversaire, Thomas !
Montons au-dessus du mât
Pour regarder à l'horizon
Un groupe de visons !

Timothy

Le blé
À sabler
Le requin
Dans le bain

Un avion
Papillon
Un cartable
Sur la table

Les vagues
Qui divaguent
Le cheval
Qui parle en joual

Bon anniversaire, Timothy !
Je te souhaite un bon thé
Qui vient directement de l'estancia
Pour ne pas finir à l'audiencia !

Tom

En coupant les poires
Avec texte préparatoire
On peigne l'être discriminatoire
Avec son observatoire

Luzerne
À la caserne
Moustache
Qui en arrache

Tente
À plante
Tante
À planque

Bon anniversaire, Tom !
Sortons plein de tommes
Car c'est la fête
Et ça ne demande pas une enquête !

Tommy

Ignorer la variole
Ruée vers la carriole
Un panneau indiquant
Le temps restant

Libre de croire
Liberté de savoir
Elle l'aimait
Autant que simplet

Une touche
De cartouche
Un touché
Tranché

Bon anniversaire, Tommy !
On sort la grande gastronomie
Et on se partage des momies
Pour impressionner les mamies !

Tony

De la pizza
À la plaza
Du paprika
Dans un rabaska

Face aux incidences
Surpasser la providence
Mettre fin à l'itinérance
Prendre son mal en patience

Le rideau s'ouvre
Sur la louve
Hurlement de satisfaction
Elle est en action

Bon anniversaire, Tony !
Tu peux sortir de ton nie
Atteindre les ovnis
Et être en bonne compagnie !

Tora

Ristourne
Qui tourne
Rapport
Au port

Montée de lait
Montée de laid
Avec un bon rythme
Pour une fête sublime

Dans les hautes herbes
On devient imberbe
Grâce au proverbe
Sans verbe

Bon anniversaire, Tora !
Bien que tu sois angora
Lorsque tu iras à l'agora
On t'offrira un sophora !

Tristan

Un rire
Qui fait frire
Comme le martyr
Pour faire sourire

Fond d'écran
Saut d'élan
Au Nouvel An
Pour faire un brelan

Tige de plastique
Saut à l'élastique
C'est fantastique
De ne pas être sarcastique

Bon anniversaire, Tristan !
Aujourd'hui on est tes assistants
Ou tes consultants
Mais surtout pas des irritants !

Tyler

En ce janvier
Pas de pommier
On est en décembre
Après le mois de novembre

Une journée d'estime
Pleine d'oximes
Pour gagner en surrégime
Lors d'une énigme

Apercevoir un tourdion
Qui aime les caladions
Sur le pyramidion
Et caresser des trombidions

Bon anniversaire, Tyler !
Compte les heures
Que la journée te réserve
Jusqu'à ce que la nuit se lève !

Tyson

Le devoir
De l'accessoire
L'avion
Du camion

Place à l'appareil
Glace à l'oreille
Frasque à vieille
Crasse à la merveille

Respirer l'air
En avoir l'air
Sauter dans l'aire
Nager sous terre

Bon anniversaire, Tyson !
Aujourd'hui les cloches sonnent
Pour te souhaiter des tonnes
De couronnes !

Ulysse

Une affiche de filleule
Sur un écureuil
Une contrebande de cercueils
Gérée par des chevreuils

Du plastique
C'est fantastique
De la brique
C'est ce qu'on fabrique

Une poterie qu'on lissa
Afin d'y déposer un flissa
Et déguiser de la sauce harissa
En tambourissa

Bon anniversaire, Ulysse !
Aujourd'hui on cri, oh hisse !
Pour te satisfaire
Et te plaire !

Valérie

Un dire
Qu'on fait frire
Une croute
En déroute

Un panier
À manier
Un marié
Sans quartier

Un cyborg
Qui joue de l'orgue
Un talent
Très tannant

Bon anniversaire, Valérie !
Aujourd'hui il faut que tu ries
De la joie qui ballote
Sans-culotte !

Vanessa

On est aujourd'hui
Loin de samedi
Prêt de mardi
Comme un lundi

Ah non !
On utilise le bon
Pour faire du savon
Et laver nos caleçons

Un pourboire
Sur le trottoir
Un castor
En costard

Bon anniversaire, Vanessa !
Je te souhaite du yassa
Et du gâteau aux choutiams
Pour briller comme un diam !

Véronique

Une fourchette
À Mariette
Des castagnettes
À une marionnette

Courir sans souliers
Marcher sans copier
Échanger ses pieds
Sentir son nez

Un avion
Sans patron
Un bateau
Sans radeau

Bon anniversaire, Véronique !
En cette journée tectonique
On lance les rubans
Pour faire des guirlandes sans blanc !

Vicky

Déménager
Sans tarder
Tout rentrer
Avant la tombée

C'est un souper
Bien arrosé
Le temps d'être trempé
Et de s'assécher

Boire du jus de pomme
Sans être à Rome
Survivre en buvant
Rire en pleurant

Bon anniversaire, Vicky !
Ne demande pas qui
Quand vient le temps
De flatter des serpents !

Victor

Un portemanteau
Sans peau
Navigant en radeau
Avec un échafaud

Au milieu du chemin
Loin d'être parrain
D'un marin
Sans bulletin

Prends soin de ta saucisse
Ou de tes chiens-saucisses
Pour flatter de la matière lisse
Sans caprice

Bon anniversaire, Victor !
Tu n'as pas tort
En adoptant des piranhas
Pour faire le plein de mana !

Victoria

C'est tellement sublime
D'être un être subtil
Comme une gerbille
Dans une bassine

Un séquoia
C'est quoi ?
Faire une gigue
Sans fatigue

Bientôt cent
Tantôt trente ans
Alors, fais ce qu'il faut
Cultive des échafauds

Bon anniversaire, Victoria !
Fuis les férias
Pour t'éloigner des asperges
Qui se submergent !

Vincent

Un lion
En accordéon
Une trottinette
En trompette

Il était une fois
Un foie
Et un roi
Qui avaient perdu foi

Un besoin
De prendre soin
D'un homme
Sans génomes

Bon anniversaire, Vincent !
Tout le monde le sent
C'est un bon moment
Pour te porter garant !

Virginie

Il y a
un chat
Il y avait
Un clapet

Oranges vertes
Porte ouverte
Lime rouge
Porte qui bouge

Un bien
Qui n'a rien
Un tout
Tout partout

Bon anniversaire, Virginie !
C'est vendredi
Et c'est bien défini
Que tu fêtes ta vie !

Viviane

Comme on le sait
Avion en cornet
Ce n'est pas aujourd'hui
Qu'on gratte des étuis

J'ai mon avis
D'être ton ami
Donc sans soucis
Je fais une femme qui crie

Un lutin
Qui sent le sapin
Un cartable
Remarquable

Bon anniversaire, Viviane !
En cette journée médiane
Je te souhaite quand même
De gagner un éléphant abstème !

Walid

En ce mois de septembre
Sur la planète novembre
On voyage en décembre
Pour un mois qui finit en bre

Adepte de caramel
En cette journée jumelle
Avec le bonheur éternel
Bidirectionnel

Un singe blanc
Assis sur un banc
Sautiller sur un roman
Se traiter de tannant

Bon anniversaire, Walid !
Pas besoin d'être valide
Pour créer des pieux
Et devenir un astre mélodieux !

William

C'est l'heure
Sèche tes pleurs
On est des bonhommes Sept Heures
Quand on fait de durs labeurs

Un scaphandrier
Modeleur de cendrier
Croix sur le calendrier
Roi du quadrillé

Soit en bonne compagnie
En ignorant les myotonies
De ce monde de monomanies
Bourré d'avanies

Bon anniversaire, William !
Je te souhaite un gros diam
Pour jouer aux boccias
Et gagner de la laurencia !

Willis

Une cheminée
Bien acheminée
Sur la rue des damnés
Où habite le vieux erroné

Une lueur
Dans sa splendeur
Un ami du cœur
Qui chante en chœur

Un dragon
Blond
Un démon
Sans poumons

Bon anniversaire, Willis !
Le temps est lisse
Si tu dois t'en échapper
Tu n'as qu'à frapper !

Xavier

Faire un jardin
Mannequin
Boucher une artère
Sans guerre

Fais une cyberrecherche
Pars à la recherche
Et raperche
L'oiseau sans perche

Œil à œil
Dent pour dent
On va à Belœil
Et on achète du safran

Bon anniversaire, Xavier !
Nous sommes ravier
D'être loin du gravier
Car tu as les meilleurs betteraviers !

Xena

En ce début de printemps
En vernissant des serpents
Rien n'est acquis
Comme un aki

On va loin
Dans les recoins
On est près
Des clapets

Un frisson
De poisson
Un hérisson
De passion

Bon anniversaire, Xena !
Joue de la quena
Fais un hype
Deviens la reine des génotypes !

Yanick

Grimper les montagnes
Magasiner des fagnes
Sauter très haut
Toucher un escabeau

Une drôle
De pôle
Une drôle
De taule

Une fenêtre ouverte
Une fenêtre verte
Une porte en bois
Une porte qui aboie

Bon anniversaire, Yanick !
Je ne suis pas une brique
Mais en cette journée spéciale
Je te souhaite des joies non commerciales !

Yasmine

Un beau potin
Dans le bottin
Un beau roman
Dans le divan

Espoir d'une lueur
Descendre d'une telle grandeur
Impressionner les éléments
Respirer quand on ment

Les feuilles rougies
Transformées en énergie
Les ailes perlées
Permettre de s'envoler

Bon anniversaire, Yasmine !
Sauve tes mines
Et visite comme une astronaute
Des constellations très hautes !

Yoan

On ne peut reculer
Sans avoir mangé
Sinon on serait mort
De faim et de remords

Le tiroir ouvert
Sous un couvert
Une cheminée
Gênée

Une tablette
De raclette
Un nuage
De sarcophage

Bon anniversaire, Yoan !
Je ne le dirai pas en guipuzcoan
Il faut rester ample
Et donner l'exemple !

Youssef

Un ciné bleu
Comme les macareux
Un sous-verre
Qui exagère

Les collabos
Dans le lavabo
Une patte de taupe
Sur les saupes

Rien de plus simple
Qu'être un exemple
Lors d'un triple
Du mot quintuple

Bon anniversaire, Youssef !
Ton temps, il n'en reste pas bésef
Sors et participe
Pour gagner tes tripes !

Yumi

Un savon
Au dragon
Un pont
Et ses 6 thons

La feuille tombe
Sur une bombe
Un laitier
Fier héritier

Une asperge
Sur les berges
Profondeur d'une verge
Elles émergent

Bon anniversaire, Yumi !
On se partage ça entre amis
Cette poésie de rêve
À la hauteur de tes fèves !

Yves

Aux portes
De la morte
Un régulateur
De terreur

Un jardin
De nains
Une école
De colle

Il faut appeler
Le canapé
Pour chiquer
Du papier

Bon anniversaire, Yves !
Sors tes endives
Il faut fêter en grand
Comme un monument !

Zachary

À la lueur
D'une couleur
Sublime
Mais surtout splendide

Il faut appeler Robert
Il aime le camembert
Il faut appeler Ginette
Elle aime les pirouettes

Dans la cabane
De la sarbacane
On fait des cannes
Pour les pyromanes

Bon anniversaire, Zachary !
Ne collectionne pas trop de rotarys
Pour voir des gentianes
Danser sur les médianes !

Zack

En cette journée des céteaux
On plonge dans un caniveau
C'est seulement le temps
De ne pas être barbant

La montagne dorée
Sous un ciel étoilé
Un marin malin
Un très grand lapin

Il ne me reste pas grand temps
Pour écrire en créant
Des rimes imparfaites
Comme des crapets

Bon anniversaire, Zack !
On est loin de la Germanique
Mais on se sent comme des briques
Après avoir mangé du basilic !

Zara

C'est au regard
Qu'on a espoir
Le regard qui s'illumine
Devant la créature divine

Prendre une leçon
À la moisson
C'est moins gênant
En voyageant

La fenêtre ouverte
Sous une couverte
On reste alerte
Face aux découvertes

Bon anniversaire, Zara !
Ce que tu voudras
On te l'offrira
Et on t'atteindra !

Zelda

Saut dans la piscine
Lancer une bassine
C'est ce qui nous fascine
Quand on voit Francine

Des wagonniers
À marier
Des bobiniers
À ne pas nier

Un profond gitan
Comme un brabant
Loin d'être poche
De danser comme une cloche

Bon anniversaire, Zelda !
Ne sois pas flagada
Pour des gens madrés
Qui te fêtent sans s'effondrer !

Zoé

Prends part
Au léopard
Qui est sur son départ
Avec Grégoire

Un pouce
Qui tousse
Une mouche
Qui se touche

On arrose
Les proses
On brule
Les canicules

Bon anniversaire, Zoé !
Il faut que tu te lèves
Pour affronter la sève
Du bonheur qui s'élève !

Crédits

Rédaction

Christian Hamel
Carolanne Plourde
François Deschamps
Meru

Recherchistes

Amélie Lefort
Carolanne Plourde
Christian Hamel

Révision

Jessica Chauvette
Carolanne Plourde
Dominic Fortin
Paquin et Carrier Révision
Meru
Amélie Lefort

Illustrations

Jessica Therrien

Infographie

Christian Hamel

Mise en page

Christian Hamel

Programmation

Christian Hamel

Témoignages

Alexandre Blouin
Andréa Desruisseaux
Cassandra Lindsay-Allard
Dominic Fortin
Emmanuel Fortin
Emmanuelle Lachance
Éric Lavoie
Fannie Lavoie
Geneviève Décarie
Jany Descôteaux
Jessica Therrien
Jessie Frenette
Laurence Perreault
Lillie-Joe Parent
Luc Duchesne
Mario Paradis
Pat Larochelle
Pierre Courtemanche
Rémi Laflamme
Sammy-Rose Dragunov
Stéphanie Normandin
Steven Milhomme
Yumi Sadamoto

Correction

Jessica Chauvette

Carolanne Plourde

Sandra Mc Murray

Amélie Lefort

Meru

Christine Hébert

Alexandra Forget

Dominic Fortin

Muses

Alex Nc
Alexandra Mellado Retamal
Alexandre Blouin
Alexandre Carle
Alexe Satana Adnan
Alice Cormier
Amélie Rhéaume
Amélie Skellington
Anatha Lou
Andréa B. Nadeshiko
Andréa Desruisseaux
Andréanne Duchesneau
Andrew Castegan
Anne Payer
Annie Brassard
Antoine Dumont
Audrey Didi Pelletier
Baileys Drouin
Benoit-Pierre Guay
Billie Swaine
Brann Poc
Caro Pilon
Carolanne Plourde
Caroline Millette
Cassandra Lindsay-Allard
Cécile Legrand
Charles De Grandmaison
Charles Desjardins-Langlois
Charles Simard-Lecours
Charlotte Cowsert

Christian Hamel
Christophe Hébert
Christophe Turcotte-Richard
Clara Lepage
Clémence Boudreau
Cristina Garant
Dany Bernard
David Gagnon
David Vigneault
Denis Ouellet
Dominic Fortin
Dominique Deguire
Droo Chin
Éliane Misaki Jetté
Emmanuel Fortin
Emmanuelle Belleau
Emmanuelle Lachance
Éric Lavoie
Éric LE RU
Esther Duguay West
Étienne Lebrun
Fabien Brisset
Fabienne Sacy
Fanny Lavoie
Félicia Dussault
Francis Brisebois
Francis Gagnon
Fred Fortin
Gabriel Gagné Pelletier
Gabriel Martin

Gabrielle Drouin
Gabryelle Desrosiers
Geneviève Côté
Geneviève Décarie
Geneviève Lévesque
Guillaume Gefec FC
Guillaume Michaud
Guiz de Pessemier
Guylaine Mailhot
Harley Drouin
Heli Marcoux
Hugues Larochelle
Isoku Fontaine
Jamy Guertin
Jany Descôteaux
Jean-christophe Levesque Pagé
Jean-François Bibeau
Jean-François Desgagné
Jean-François Provençal
Jean-Philippe Cardin
Jean-Philippe Cyr
Jef Berard
Jenifer Olsen
Jennifer Gagnon Thibault
Jérémie Lemonde
Jessica Therrien
Jessie Frenette
Joel Beaudry
Johanne Larouche
Jonathan Calvé
Jonathan Huot
Jonathan Labrie
Josyanne Maheu

Julie Baril
Julien Beaulé
Julien Mathern
Just-to-Buy My-Love
Justine Binette
Kathleen Breault
Kathy Ng
Kim Lou Collins
Kimberly Bouchard
Kio Cormier
Kôri Teddy Kuma
Laurence Perreault
Laurent Bourgault-Roy
Laurent Ruest
Layla Guillet
Léaw Roy
Lidia Langlois
Lillie-Joe Parent
Louic Akuma Labonté
Louic Labonté
Louis Roy
Louis-Philippe Beaudet
Louis-Philippe Dea
Louka Morin-Tremblay
Luc Duchesne
Lukael Bélanger
Lukas I. Fontaine
Maël Paradis
Marc Thibault
Marc-André Allard
Marc-André Guillemette
Marc-André Lamothe
Marc-André Miron Parant

Marc-Antoine Beaulé
Marc-Antoine Blanchette
Marc-Antoine Noreau-Marois
Marie Clémence Boudreau
Marie-Claude Lizotte
Marie-Ève Piché
Marie-Ève Therrien
Marie-Lou Ferland
Marie-Pier Morin
Mario Paradis
Marjorie Parent
Martin Poirier
Mathieu Houle
Mathieu Leclerc
Mathieu Simard
Mathieu-Houle
Maude S-Gagnon
Max Chouinard
Max Pagé
Maxim Martel
Maxime Bédard
Maxime Bousquet Thériault
Maxime Carrier
Maxime Girard
Maxime Lemay
Mel Gosselin
Mélanie Lejeune
Mélissa Lachance
Melme Bond
Mia Lacroix
Michaël Thibeault Gignac
Michaëlle Charette
Minette Kirouac
Mishel Mousteille
Myriam Larocque
Myriame Lorraine Demeules
Nancy Turcotte

Nathalie Bouffard Fréchette
Nicolas Morin
Nicus Pokus
Nilovna Bascunan-Vasquez
Norbert Laplante-Genest
Olivier Bernier
Olivier Desrosiers
Olivier Garant
Olivier Giroux
Pamella Villeneuve
Pascal Ricard
Pascale Fortin Beauséjour
Pat Larochelle
Patricia Gosselin
Patrick Duval
Patrick Thibault
Patrick Tremblay
Patrick Vaillancourt
Peter Parker
Pheli S. Laurin
Phil Turcotte
Pier-Ann Blanchet
Philippe Girard
Pier-Olivier Cauchon
Pierre Bissonnette
Pierre Courtemanche
Pierre-Gabriel Larocque
Pierre-Luc Espantoso
Rebecca Sparks
Rémi Laflamme
Rémi Prévost
Roger Amphigouri
Ronald Tessier
Roxane Bean Paradis
Roxane Brunet-Fontaine

Roxane Parent-Roy
Roxane Rioux
Roxanne Brunet-Fontaine
Sabrina Cloutier
Sammy-Rose Dragunov
Samuel Bouchard
Sandra Destroismaisons
Sandra Léonard
Sandra Mc Murray
Sandrine Lambert
Savana Trudel
Selena Pheles
Serge Larouche
Sidi Mohamed Ben Bouchta
Simon Collins-Laflamme
Simon Olivier Fecteau
Steph Parent-Roy
Stéphane Genest
Stéphane Laroche
Stéphanie Jolicoeur
Stéphanie Normandin
Steven Milhomme
Steven Ouellet
Sue Hélen Lavoie
Sylvain Hébert
Tanguy Cousin
Tanya Dykstra
Tommy Rochette
Valérie Greffard
Vanessa Drolet-Caron
Vanessa Girard
Vanessa Mérineau Argeris

Vanessa Mongrain Vallée
Vincent Léonard
Vincent Vezina
William Côté
Yanik Boileau Lafreniere
Yumi Sadamoto

Remerciements spéciaux

Jessica Chauvette

Avoir sa place aux premières loges
Pour recevoir les éloges
Pour un travail bien accompli
Qui surpasse les attentes établies

Sans aucun préjugé
Ni réactions mitigées
Comprendre le second degré
À l'encontre des temps tigrés

Ne pas craindre de questionner
Pour se permettre d'avancer
Viser la haute qualité
Bien avant un repos bien mérité

Merci Jessica !
Dans tous les cas
Et on l'évoqua
Tu as accompli un travail délicat !

Carolanne Plourde

Malgré les distances
Tu possèdes toute ma confiance
Grâce à tes désirs de vouloir aider
Tu es celle avec qui on veut tout partager

Il ne faut pas te surpasser
Si tu en as fait assez
Rien n'a autant d'importance
Que ta simple présence

Faire avancer le spectacle
Malgré les obstacles
Faire preuve de solidarité
En toute sincérité

Merci Carolanne !
Je t'offre toute ma manne
Car ensemble, nous sommes les plus forts
Conséquence de tous nos efforts !

François Deschamps

Avoir le cœur sur la main
Tôt le matin
Pour dire adieu à ses ennuis
Tôt dans la nuit

Ouvrir la voie
Pour ouvrir sa voix
Briser les lignes
Pour être digne

Écouter le passé
Pour ne plus y penser
Ne pas être le pion
De ses réflexions

Merci François !
Tes conseils que l'on reçoit
Jamais on ne s'en déçoit
Une chance qu'on s'en aperçoit !

Sandra Mc Murray

L'appel de la nature
Éveille ta vraie nature
Ne faisant qu'un avec la matière
Tu l'exprimes à ta manière

Guidée par les phares
Tu peaufine ton art
Tes réalisations sont à la hauteur
De toute ta splendeur

Ta persévérance
Est source de patience
Au-delà de tes compétences
Cela agrémente ta transcendance

Merci Sandra !
Tu es celle qui nous surprendras
Et on s'en souviendra
Autant qu'on te soutiendra !

Dominic Fortin

Une histoire extraterrestre
Une épée de bois
Des soirées pédestres
Des moments quand personne ne boit

Des tournages à dix sous
À la recherche d'un tout
Des déplacements qui disent tout
Pour ne pas se sentir dessous

Léonard le fouinard
Cécile et ses beaux cils
Guy Doune sur ses doudounes
Roger a dérogé

Merci Dominic !
Pour les moments uniques
Et les réalisations historiques
Qui ont permis d'imploser de façon artistique

Jessica Therrien

Te remettre en doute
Pour un manque d'écoute
Constamment dans la joute
En espérant une déroute

Maitre de ta patience
Nul besoin d'influence
En possédant tes intelligences
Cela guidera tes sentences

Ton talent n'est point éphémère
Puisque qu'il est reconnu par tes paires
Tu es le centre de la sphère
Celle de ton imaginaire

Merci Jessica !
Rappelle-toi bien que dans tous les cas
Personne ne devrait te déconsidérer
Puisque tu as tout pour nous sidérer !

Yumi Sadamoto

Si tu n'étais pas là
On n'en serait pas là
Tu as toujours cru en moi
Quand vient le temps de faire n'importe quoi

À se tirer les bretelles
Sans dentelle
S'en tenir à l'essentiel
Pour traverser les passerelles

Le petit renard
Qu'on voit quand il fait tard
Est bien pénard
Même si un de nous est en retard

Merci Yumi !
Bien plus qu'une amie
Je t'offre la mie
Qui accompagnera nos raviolis !

Amélie Lefort

♫ De la glace
Qui pue ♪

Dans le sens du temps

01 00 11 00 01 10 00 01 00 10 00 00 01 11 01 10 11 00 00 11 10 10 10
01 01 11 00 10 01 10 10 01 01 11 01 00 11 00 00 11 10 10 10 01 00 10
00 00 01 10 11 10 00 10 01 11 01 10 01 01 01 11 00 11 01 11 01 00 00
10 00 00 01 11 00 00 01 10 00 01 01 11 00 11 00 10 00 00 01 10 00 10
01 10 10 01 01 10 11 10 01 10 00 01 01 10 10 01 01 11 00 10 01 10 01
01 00 10 11 10 00 10 00 00 01 00 10 01 01 10 11 00 00 10 00 00 01 10
11 10 01 10 01 01 00 10 00 00 01 10 01 10 01 10 00 01 01 11 01 01 01
11 01 00 00 10 00 00 01 10 10 10 01 10 00 01 01 10 11 01 01 10 00 01
01 10 10 01 01 11 00 11 00 10 00 00 01 11 00 11 01 10 01 01 00 10 00
00 01 10 01 10 01 10 10 01 01 10 01 01 01 11 00 10 00 10 00 00 11 00
00 11 10 10 00 00 00 10 00 00 01 11 00 11 01 10 01 01 01 11 00 11 00
10 00 00 01 11 00 00 01 11 00 10 01 10 01 01 01 10 11 01 01 10 10 01
11 00 00 11 10 10 10 00 01 11 00 10 01 10 01 01 01 11 00 11 00 10 00
00 01 10 10 01 01 10 11 01 01 11 00 00 01 11 00 10 01 10 01 01 01 11
00 11 01 11 00 11 01 10 10 01 01 10 11 11 01 10 11 10 01 11 00 11 00
10 00 00 01 10 01 01 01 11 01 00 00 10 00 00 01 11 01 00 01 10 11 11
01 11 01 01 01 11 01 00 00 10 00 00 01 10 11 11 01 10 00 10 01 11 00
11 01 10 01 01 01 11 00 10 01 11 01 10 01 10 01 01 01 11 00 10 00 10
00 00 01 10 01 00 01 10 00 01 01 10 11 10 01 11 00 11 00 10 00 00 01
11 01 00 01 10 11 11 01 11 01 01 01 11 00 11 00 10 00 00 01 10 11 00
01 10 01 01 01 11 00 11 00 10 00 00 01 10 00 01 01 10 11 10 01 10 01
11 01 10 11 00 01 10 01 01 01 11 00 11 00 10 11 10

01 10 11 11 00 00

Du même auteur

MERCI